❖ 한국현대인물열전 33선에 선정(한국인물연구원)
❖ 현대한국을 빛낸 인물에 선정(한국민족정신진흥회)

한국음양효혈풍수지리회 · 천기아카데미 이종두 회장은 금년 7월 말 〈혈박물관〉을 개관할 예정이라고 한다. 그는 충북 충주시 엄정면 소재 추평초등학교를 인수 7,000여 평에 세계 최초의 효(孝) · 풍수 · 생명장에너지 (Biofield energy) 박물전시관, 연구소, 수련원을 개관하여 일반인에게 개방할 예정이다.

2008 제1회 춘계 중첩에너지(양기) 학술 발표

장 소 _ 서울대학교 사범대학 교육정보관 308호
주 최 _ 중첩에너지학회
일 시 _ 2008년 4월 26일

서울대학교사범대 교육정보관 전경

2008년 제1회 춘계 중첩에너지(양기) 학술 발표

2008년 제1회 춘계 중첩에너지 기조논문 발표

서울대 수의과대학 면역학교실 우희종 교수의 신소재 양명기석의 생리활성 연구 발표

❖ 천기기법 원리를 이용한 Biofield Energy(중첩에너지)·생명장에너지 기조 논문과 서울대를 비롯한 각 분야 연구교수의 임상결과를 학술대회를 통하여 발표하는 모습

동의대 공과대학 공학박사 차득근 교수의
신소재 양명기석이 지자기에 미치는 연구 발표

동의대 한의과대학 한의학과 김경철 교수의
신소재 양명기석의 신체기능 활성화 연구 발표

각 언론사와 방송국 취재 장면

방송사와 인터뷰 장면

2007년 한국을 빛낸 장한 무궁화인 상을 수상한 이종두 회장

주 최 _ (사)대한무궁화중앙회
장 소 _ 백범기념관
일 시 _ 2008년 3월 1일 오전 11시

〈수상사진들〉

2007년 뉴스매거진 한국을 빛낸 인물 대상을 수상한 이종두 회장

주 최 _ 뉴스매거진 제정 제5회 인물대상
장 소 _ 63빌딩 코스모스홀
일 시 _ 2007년 12월 20일

〈수상사진들〉

2007년 스포츠서울 제정 이노베이션 기업 & 브랜드 대상 수상

주 최 _ 스포츠 서울
장 소 _ 프레스센터 매화홀
일 시 _ 2007년 12월 27일

이종두 회장 생가 재실(공곡서당)에서

이종두 회장 생가 집터 '진혈'

순국선열에 참배하는 이 회장
(서대문형무소)

비혈(음기)은 나무가 못 자라고 풀대가 밀어낸다.
(SBS 생방송투데이 출연)

옆 사진의 나무와 같이 비혈(음기)은 못 자라고 결혈(양기)은 잘 자람을 설명
(SBS 생방송투데이 출연)

관람객에게 천기비법을 지도하는 이종두 회장
(SBS 생방송투데이 출연)

혈맥을 따라 이동하는 장면
(SBS 생방송투데이 출연)

관람객이 비혈(음기)에 심은 나무에서는 풀대를 밀어내는 장면
(SBS 생방송투데이 출연)

나무가 잘 자란 곳으로 풀대가 당겨 가서 결혈의 위치를 확인하는 장면
(SBS 생방송투데이 출연)

결혈이 맺힌 산소를 천기비법으로 감정하는 법을 소개한다.
(리얼TV 출연)

천기비법으로 혈맥이 산소로 들어가는 장면 촬영
(리얼TV 출연)

서울여자대학교 실험농장 혈, 비혈 식물생육에 관하여 인터뷰 장면
(리얼TV 출연)

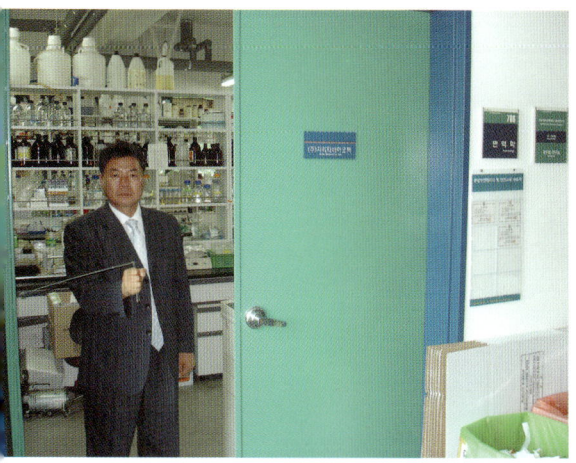

서울대학교 수의과대학 면역학 연구실 전경

서울대학교 수의과대학 면역 연구실
비혈(음기) 세포 배양 위치 확인

암세포, 면역세포 배양실험
비혈(음기)위치 확인

서울대학교 수의과대학
임상실험 연구진과 함께

천기비법 제1기 제자 양성교육 후 배출된 전국 지회장과 함께

제자들과 왕릉 천기비법 전수 실기를 마치고

반기문 UN사무총장 생가 선친 산소 결혈 상태 교육 후

반기문 UN사무총장 생가 터에는 주산에서 마을로 내려온 혈맥이 반기문 총장 생가 집터에 모두 결혈되어 있으므로 후손이 임금 나는 진혈터

반기문 UN사무총장 부친 묘는 주산에서 혈이 크게 맺혀 후손이 임금 대재가 나는 진혈처 감정 장면

반기문 UN사무총장 부친 묘 결혈이 크게 맺힌 진혈처임을 설명하는 장면

정찬경 화백 양명기화전에서 내빈과 함께 기념 축사를 하는 이종두 회장

양명기석으로 그린 정찬경 화백 양명기화 작품에 양기를 감지하는 이종두 회장

이종두의
천기비법

서문

　'인간과 동·식물을 포함한 모든 생명체는 눈에 보이지 않는 기운인 양기와 음기로 인해 생명과 운명에 질대적인 영향을 받고 있다.'

　필자는 2006년에 출판한 저서 〈이종두의 음양지기〉에서 이 같은 사실을 말한 바 있다.

　그 이후 지구 창조 이래 그 어떤 성현도 밝히지 못한 인간 운명의 생(生)·노(老)·병(病)·사(死)·길(吉)·흉(凶)·화(禍)·복(福)의 메카니즘을 지혜로 깨치게 되었다. 하지만 이것을 세상에 공개해야 하는가로 깊은 고민을 했으나 내가 알고 있는 모든 것을 널리 알리는 것이 하늘의 뜻이라는 생각이 들었다. 인류 건강과 행복에 기여해야 한다는 사명감 때문이었다.

　이 책을 통하여 '천기비법(天氣秘法)'을 세상에 공개하고자 한다. 이번 저서에는 인간을 비롯한 모든 생명체의 운명 원리를 명확히 밝히는 내용을 담을 계획이다.

　필자가 이 비법을 공개하는 것은 누구나 소중한 각자의 운명을 우환과 가난과 고통 없이 건강하고 부유하며 고귀하게 행복한 인생을 살 수 있게 하기 위함이다. 명실공히 인존(人尊) 시대의 장을 열고자 하는 데 그 의의가 있다고 할 수 있다.

　독자들이 이 저서를 통하여 인간의 눈에 보이지 않는 천지인(天地人) 삼극(三極)의 기운을 찾아내고 각자 본인들이 유익하게 활용할 수 있게 하기 위해서이다.

　상유천(上有天)하고 하유지(下有地)하니 중유인(中有人)이라!

　태극(太極)이 시판(始板)에 캄캄한 암흑에서 아지랑이처럼 눈에 보이지 않는 이치와 기운의 동정으로 천지인(天地人) 삼극(三極)이 생겨났다.

　이 이기(理氣)의 동정(動靜) 중에서 경청(輕淸)한 것은 위로 상승해서 하늘이 되고, 이 하늘은 실체가 없이 기상으로만 존재하여, 일월성신만이 세상에 빛을 밝힌다. 이기의 동정 중에서 중탁(重濁)한 것은 하강해서 땅이 되고 이 땅은 실체가 있어 산천동식(山川動植)이 존재한다.

실제 우리 인간은 동물 중 한 부류로 하늘과 땅 가운데 살아가고 있다. 그리고 인간이 삼극(三極) 중 가장 위대해 '소우주'라고 언급하고 있다.

그럼에도 지구가 창조된 이래 지금까지 사람의 눈에 보이지 않는 이치와 기운의 실체를 밝힌 사람은 그 누구도 없었다. 때문에 무한한 창공인 하늘과 그 아래 광활한 대지 위에서 인간은 한 점 모래알처럼 나약한 존재로 살아왔다.

그러나 이제는 바뀌어야 한다. 그 시작을 필자가 하고자 한다. 필자가 발견한 이기의 실체와 원리, 인간 운명의 메카니즘의 본체인 눈에 보이지 않는 결혈의 존재와 작용을 널리 알리는 게 바로 그것이다.

이 비법을 알리는 이유는 이제 비로소 세상이 인존 시대의 때가 되었다는 판단에 기인한다. 따라서 인간이 천지기운을 눌러 눈에 보이지 않는 기운인 혈을 마음대로 활용, 명실공히 스스로 자신의 운명을 운전하여 살아갈 수 있어야 한다.

사실 이 결혈은 수천 년 동안 우리 인간의 생로병사와 길흉화복에 지대한 영향을 미치고 있었다. 필자는 이를 과학적으로 확인하기 위해 전국 방방곡곡 40만 km(100만리)를 일일이 발로 다니며 재연성 확인을 하는 고행을 한 바 있다.

돌아가신 부모님의 음덕으로 우리가 살아가고 있는 주택과 사업장, 혼이 안주하고 있는 유택에 혈맥과 결혈이 어떤 형태로 어떻게 존재하고 있고 그것이 어떤 영향을 미치는지를 확인하기 위해서였다.

그 결과 천지 대우주 자연을 보는 눈과 귀가 열리고 지각이 깨우쳐 인간 운명의 생로병사와 길흉화복의 원리를 찾아내게 되었다.

필자는 '천기비법' 이론이 지금까지 세상에 출현한 그 어떤 학문이나 경전을 포함하여 위대한 서책이나 발견보다도 경이로운 것임을 믿어 의심치 않는다.

또한 이 비법이 인간은 물론 동물과 식물을 포함한 모든 생명체를 질병과 가난과 우환 없이 건강하고 부유하며 행복한 삶을 살게 해줄 것이라 믿는다.

본 '천기비법'이 인류에 미치는 영향은 아인슈타인의 '상대성 이론'을 능가하고 우리 대한국민이 전 세계에서 가장 위대한 민족으로 새로이 추앙받게 될 뿐 아니라 세계 최고의 부강한 국가로써 정신문화의 본산으로 거듭나게 해주는 위대한 원천 학문이 될 것이라는 사실을 확신하는 바이다.

끝으로 돌아가셨지만 한시도 내 곁을 떠나시지 않고 도와주시는 어머님, 아버님 은혜가 백골난망이며, 이 귀한 글을 부모님 영전에 바칩니다.

2007년 10월 만추지절에

차 례

■ 서문 | 4

제1부 인간이 천지인 삼극의 주체이다

기도의 힘 …………………………………………………… 13
청와대와 혈 ………………………………………………… 14
필자가 지혜로 깨친 윤회의 원리 ………………………… 24
전 세계 인류는 원래가 한 핏줄 한 민족이다 …………… 27
인체 몸의 신비 ……………………………………………… 31
비우는 지혜 ………………………………………………… 33
중요한 사람 선택하는 비결 ……………………………… 35
광주 5.18 추모공원 묘지의 기적 ………………………… 37
혈·비혈의 존재를 입증하는 탐지기계 발명 …………… 40
결혈(양기), 비혈(음기) 및 양명기석의 과학적 입증을 위한 임상실험 … 41

제2부 인간 운명의 메커니즘 원리 및 운명 바꾸는 법

인간 운명의 메커니즘 원리 ……………………………… 61

제1장 동양철학의 올바른 이해

동양철학은 미완성 학문이다 ……………………………… 69
동양철학의 시초는 팔괘이다 ……………………………… 72
풍수지리는 알맹이가 빠진 미완성 학문이다 …………… 75
음양오행의 해석 '잘못됐다' ……………………………… 78
인간의 체질은 사상이 아닌 남·녀 한 쌍 한 체질이다 …… 80
인간운명의 비밀열쇠는 '효(孝)' …………………………… 84

제2장 인간의 생노병사 원리에 관한 해석

자신의 성공과 실패의 시초는 자신의 눈이다 ·················· 87
내 몸은 부모 조상 몸이다 ····································· 89
자식을 성공시키는 비결 ······································ 92
성공과 실패의 비결1 ··· 95
성공과 실패의 비결2 ··· 97
화장을 해도 부모의 영이 자식의 운명을 좌우한다 ············· 101

제3부 '혈'을 바로 알고 적용하면 운명이 바뀐다

제3장 혈과 비혈 '바로 알자'

혈이 인간의 운명을 결정한다 ································· 109
결혈(양기)·비혈(음기) 진단하기(천기비법) ···················· 115
이씨 조선 패망 원인 ··· 122
대통령이 되는 비결 ·· 136
전, 현 대통령 ··· 138
전, 현 대통령 후보(이회창·이명박·정동영·문국현) ············ 158
재벌이 되는 비결 ·· 175
대재가 성하는 길, 망하는 길 ·································· 177
대한민국과 재벌과 혈의 관계 ································· 179

제4장 재벌, 이렇게 하면 될 수 있다

대재는 하늘이 내린다 ·· 191
대재가 되는 조건 ·· 193
'혈'은 명줄이요 돈줄이며 운줄이다 ···························· 195
대재를 유지하는 법은 이것! ·································· 196

대재가 망하는 길은 이것! …………………………………… 198
롯데 신격호 회장 생가 …………………………………… 199
한화 김승연 회장 생가 …………………………………… 201
LG 구본무 회장 자택 ……………………………………… 203
농심 신춘호 회장 자택 …………………………………… 205
현대 정몽헌 회장 전 자택 ………………………………… 207
삼성 이건희 회장 자택 …………………………………… 209
두산 박용성 회장 자택 …………………………………… 211
한국음양효혈풍수지리회 이종두 회장 생가 …………… 213

제5장 재벌 명당터는 따로 있다

돈은 곧 '신(神)'이다 ……………………………………… 217
돈은 소중하고 신성하다 ………………………………… 218
사업장 '이렇게 고른다' …………………………………… 220
삼성 고 이병철 회장 ……………………………………… 225
LG 고 구본회 회장 ………………………………………… 228
SK 고 최종건 회장 ………………………………………… 230
대구 동아백화점 …………………………………………… 232
현대기아자동차 사옥 ……………………………………… 233
LG쌍둥이 사옥 ……………………………………………… 235
한화그룹 사옥 ……………………………………………… 236
두산그룹 사옥 ……………………………………………… 238
포스코 ……………………………………………………… 240
여의도 순복음교회 ………………………………………… 241
SK그룹 ……………………………………………………… 242
효성그룹 …………………………………………………… 244
(구)국제그룹 ……………………………………………… 246
(구)기아자동차 …………………………………………… 247

대우그룹 ·· 249
(구)동아그룹 ·· 250
(구)거평그룹 ·· 251
(구)한보그룹 ·· 252
타워팰리스 ·· 253
조계사 ·· 254
산소터 잡는 법 ···································· 255
폐망 터를 재벌 명당으로 바꾸는 방법 ······ 266

제6장 인간 운명에 영향을 미치는 '혈' 정복하기

혈은 인간에게 크나큰 영향을 미친다 ········ 269
혈이 건강과 질병에 미치는 영향 ············ 273
혈 처방법은 바로 이것! ························ 275
음택 처방법 ·· 277
양택 처방법 ·· 288
혈은 운명을 좌우한다 ·························· 309
건강과 장수비결 ·································· 312
'장수비법'은 따로 있다(장수인편) ········· 314
'장수비법'은 따로 있다(명당터편) ········· 320
'장수비법'은 따로 있다(환자편) ············ 322
'장수비법'은 따로 있다(화장편) ············ 332

제7장 수맥

수맥 올바로 이해하기 ························· 337

■ **결어** | 342

부록 〈교육 사진〉 | 345

제1부

인간이 천지인 삼극의 주체이다

기도의 힘

　나는 나 자신도 모르게 내 육신의 눈과 귀와 영의 지각과 판단이 하루가 다르게 변하고 있다.
　하늘과 기운이 연통이 되어 언제라도 내가 원하는 바를 기도하면 하늘이 이루어 준다.
　수많은 영과 혼과 신과 교감이 가능하여 한이 있는 귀신과 혼령을 초혼 기도로 불러서 편히 안주시키고 산신님을 비롯한 천지신명과 수시로 교감하여 전국의 어려움에 처한 수많은 사람들의 우환삼재의 근원을 제거하고 명줄과 돈줄이 끊어져 죽어가는 사람을 개운시켜 살리기 위하여 하늘 공사를 하고 있다.
　산과 들과 집과 대지에 눈에 보이지 않는 신(神)인 '결혈(結穴)'이 어디로 지나가고 어느 자리에 맺혀 있는가를 눈으로 훤히 보고 '결혈'을 내 마음이 닿는 곳이면 어느 곳이든지 마음먹은 대로 이동을 시킨다.
　이는 인간이 할 수 없고 신만이 가능한 일이라 스스로 자신을 두려워하지 않을 수가 없다.
　내 마음이 원하면 기도만으로도 임금도 재벌도 만들고 폐망시킬 수 있다.
　나는 하늘이 나에게 내린 능력과 사명을 알고 있다.
　잠시 한순간이라도 나 자신의 사욕과 사심이 없어야 하며, 한 많은 혼들의 원혼을 편케 하고 전 세계 인류의 행복을 위하여만 기도할 것을 자신에게 스스로 맹세하는 바이다.
　그 누구라도 필자의 기도의 힘을 시험하려 하지 말라!
　필자의 마음이 하늘의 기운과 같아 화가 미칠까 경계하는 바이다.

청와대와 혈

대한민국 국운과 청와대 혈

　대한민국의 국운은 임금인 대통령이 집무를 보는 청와대와 밀접한 관계에 있다. 가정의 흥망성쇠가 개인의 부모 산소와 거주하는 주택의 결혈과 비혈에 따라 좌우 되듯이 대한민국의 흥망성쇠는 대통령이 거주하며 집무를 보는 청와대의 결혈과 비혈에 따라 좌우된다.
　필자가 비법과 지혜로 청와대의 혈의 유래와 현재의 결혈 상태를 면밀히 조사하였다. 우리 대한민국의 발전과 국가 장래를 위하여 고심 끝에 '천기'를 공개하고자 한다. 필자의 마음이 자신의 공명심이나 사심과 탐심에 조금도 기인하지 않고 오직 사랑하는 우리나라 대한민국의 발전과 전 국민의 행복을 간절히 기원하는 충정에서 비롯된 점을 재삼 강조하는 바이다. 지금의 청와대는 혈이 빠져 심한 비혈의 원인으로 국운이 쇠해지고 하늘이 내린 임금인 대통령 일가의 명운에 영향을 주고 있는 바, 필자의 비법을 활용하여 청와대를 원래의 진혈처로 바꾼다면 하늘이 내린 대통령이 기운을 받아 지혜가 열려서 대한민국이 세계 최고의 일등 부국으로 발전할 것이며, 나라와 백성이 우환없이 행복한 삶을 영위할 수 있을 것이라 확신한다.

청와대와 혈의 유래

　청와대의 혈은 조선 왕조 말기와 밀접한 상관 관계에 있다.
　조선 왕조가 윗대 왕들의 묘택이 후손이 임금나는 진혈처의 자리에 안장되고 그 직계 후손만이 왕위를 계승하여 왕으로 등극할 수 있었다. 그런데 이조 말기로 들어 국운이 쇠해져 하늘의 뜻으로 대원군이 돌아가신 후에 후손이 폐망하는 심한 비혈처에 대원군의 유체가 안장되었고, 대원군의 양령인 신이 고종 황제의 음령인 신과 교감하여 점차 기운과 지혜를 잃게 되었다. 이때부터 근정전을 비롯한 대궐 전각 전체에 혈이 빠져나가 비혈로 바뀌었다. 고종 사후에 왕운이 다하여 묘택이 심한 비혈처의 자리에 안장되고 순종 역시 유체가 고종과 같은 백이 편치 않은 비혈의 자리에 안장되어 국운이 완전히 끊어져 조선 왕조가 복원되지 못하고 영원히 폐망하고 말았다.

이후 국운이 다시 들어 하늘의 뜻으로 박정희 대통령께서 청와대를 창건하여 입주와 동시에 청와대 주산인 인왕산을 비롯한 주위 동서남북의 모든 혈이 청와대로 들어가 결혈이 된 진혈처로 바뀌었다. 이때부터 박정희 대통령의 지혜가 열리고 왕운이 성하여져 국가 경제를 일으킬 수 있었으며, 이조 500년 동안 이루지 못한 대업인 백성을 가난에서 벗어나게 하는 업적을 이룰 수가 있었다. 경제 발전의 영향으로 하늘이 내린 대재가 한 사람씩 탄생하면서, 청와대 주변에 대재들이 경영하는 기업체 사옥을 건설하여 입주와 동시에 청와대에 맺힌 결혈이 하나씩 대재의 사옥으로 이동하여 청와대는 점차 심한 비혈처로 바뀌었다. 현재는 청와대 내부 전체가 심한 비혈의 좋지 못한 터가 되었다.

이 영향에 의하여 육영수여사가 문세광의 총에 맞아 비운으로 돌아가셨고, 박정희 대통령 역시 비혈 음기의 영향으로 실패한 조상의 기질이 발동하여 심성이 바뀌고 명운이 끊어져 아끼던 가신의 총에 맞아 비운을 당하였다.

그리고 하늘이 내린 다른 대통령들 역시 청와대 입주 전에 지혜가 열려 있던 분들이 청와대에 입주하자 비혈(음기)의 영향으로 하늘이 내린 지혜를 백분 발휘하지 못하고 오히려 운이 깎여 재임 중이나 퇴임 후에도 영향을 받고 있으며 나라 발전이 저해되고 있다.

청와대 혈의 이동

현재 청와대를 감싸고 있는 주산과 조산의 혈은 산에서 내려온 혈이 좌측은 현대 사옥에 결혈되어 있고, 중앙 혈은 롯데, 프라자호텔, SK구사옥으로 이동하여 결혈되어 있으며, 우측 혈맥은 삼성 본관과 삼성생명 사옥을 비롯한 성공한 기업체 사옥에 크게 결혈이 맺혀 있다.

따라서 대한민국과 국가 경제 발전을 위하여 대기업 사옥의 결혈에 영향을 미치지 않는 비법으로 주산에서 청와대로 혈맥을 이동시켜서 청와대를 진혈처로 바꾸어 주면 그날부터 국운이 다시 크게 일어날 수 있다. 그렇게 되면 청와대 전체에 맺힌 결혈의 영향으로 대통령 일가의 운이 발복되고 몸이 건강해질 것이며 대통령의 지혜가 열려 우리나라를 세계 최고의 국가로 발전시킬 것이라고 확신한다.

청와대는 뒷 주산의 혈이 주변의 다른 빌딩과 건물로 새어나간 심한 비혈지. 국운이 쇠해지고 대통령에게 우환이 오는 좋지 않은 터

근정전이 혈이 빠져 심한 비혈 상태 진단 장면

근정전의 혈맥이 좌측으로 빠지는 방향 진단 장면

근정전 혈맥이 우측으로 빠지는 방향 진단 장면

대궐 전체가 심한 비혈로 바뀐 상태 진단 장면

제1부 인간이 천지인 삼극의 주체이다 | 17

강령전에 혈이 빠져 심한 비혈 상태 진단 장면

강령전의 혈맥이 앞쪽으로 빠지는 장면

대궐 전각 역시 혈이 빠져 심한 비혈 상태

대궐에 혈이 빠져 심한 비혈인 상태 진단 장면

청와대 중앙 쪽 혈이 앞으로 빠지는 방향 진단

청와대 주산에서 혈이 앞으로 빠지는 상태 진단

청와대 주산 혈이 우측으로 빠지는 방향 진단

제1부 인간이 천지인 삼극의 주체이다 | 19

청와대 주변의 주산 혈이 앞쪽으로 빠지는 방향을 정확히 진단

청와대에서 혈이 우측 방향으로 빠지는 장면

청와대 주산 좌측 혈이 앞쪽으로 빠지는 장면

청와대 혈이 대궐을 지나 좌측 방향으로 빠지는 장면

청와대 혈이 대궐을 지나 우측으로 빠지는 장면

제1부 인간이 천지인 삼극의 주체이다 | 21

청와대와 대궐 쪽 혈이 프라자호텔 방향으로 이동하는 장면

청와대 중앙 혈이 앞쪽으로 이동하는 장면

현대 사옥으로 혈맥이 들어가는 방향 진단

현대 사옥으로 혈맥이 향하는 장면 진단

삼성 본관으로 혈이 들어가는 장면

삼성 본관으로 혈이 들어가는 상태 진단

삼성 사옥으로 혈이 들어가는 상태 진단

제1부 인간이 천지인 삼극의 주체이다

필자가 지혜로 깨친 윤회의 원리

너의 전생은 부모 조상이요, 후생은 자식과 후손이다

흔히 세인들은 윤회를 말할 때 현생에 쌓은 업장에 따라 후생이 개나 소나 말이나 뱀 등 타 동물이나 곤충으로도 태어날 수 있다고 믿고 있으며 그렇게 생각하고 있다.

심지어 수도를 하는 스님들조차 그렇게 윤회에 대해 설명하는 것을 듣고는 한다. 필자는 윤회에 관해 세인들의 이런 견해를 들을 때면 그 어리석음에 탄식할 때가 많다.

윤회란 내가 현생이고 나의 전생과 앞으로 태어날 후생의 반복이다. 다시 말해 전생과 현생, 후생의 반복인 것이다.

누구든지 인간은 그 몸도 성격 성향도 외부의 다른 그 어떤 영향에 기인한 것이 없다. 포·태·양·생(胞·胎·養·生)의 과정을 거쳐 그 몸도 성격 성향도 친가·외가쪽 부모나 조상으로부터 100% 유전인자를 DNA로 물려받아 신체가 만들어졌고 성격도 100%가 선천이다.

식물은 홀씨와 날씨로 종족번식을 하지만 인간을 포함한 동물은 반드시 정자와 난자의 수정에 의해서만 후생으로 태어날 수 있다.

유전학을 비롯한 과학적 이치로 볼 때 개는 개의 정자와 난자의 수정에 의해서만 개로 태어난다. 비단 개뿐만이 아니다. 모든 동물은 이 원칙에서 벗어나지 않으며 이종(異種) 간에는 수정조차 이뤄지지 않는다.

만일 내가 후생이 개로 태어난다고 가정을 하면 내 정자와 개의 난자의 수정이 있었다고 전제할 수 있는데 이는 허무맹랑한 논리일 수밖에 없다.

이런 이치도 깨닫지 못하고 40~50년 수도를 한 스님들 입에서 업을 쌓으면 개로 태어날 수 있다고 설법하는 것을 볼 때 필자는 수많은 종교인들 역시 새로이 지혜가 깨어나야 한다고 생각한다.

윤회란 인간은 인간으로 계속 거듭 태어나는 것이다. 따라서 나는 내 몸과 정신의 모든 것이 부모를 포함한 친가·외가 조상들이 나의 전생이다. 지금의 나는 현생이며 내 자녀들은 나의 후생이 된다.

같은 시대를 살아가고 있지만 나와 내 2세들과는 서로 음령끼리 교감을 하고 있다. 나와 배우자를 비롯한 친가·처가 조상들의 신체 유전인자에 의해 자녀들 신체가 만들어졌다.

지각과 판단 역시 나와 배우자를 비롯한 친가·처가 조상들의 유전적 성격을 그대로 100% 물려받고 태어나 살아가는 것이다. 이런 이치로 볼 때 나는 이미 자녀들을 통하여 몇 % 환생해 있는 셈이다.

그래서 필자는 죽음이 두렵지 않으며 죽음을 슬퍼하지도 않는다. 지금의 내 몸은 내 몸만이 아니기 때문이다. 부모를 비롯한 조상의 몸이고 내가 하는 매사의 일은 돌아가신 부모 조상이 생전에 못다 한 그 일을 하는 것이다.

돌아가신 부모의 양령인 신과 내 음령인 신, 그리고 내 자녀들의 음령인 신과는 서로 떨어져 있어도 24시간 평생을 서로 교류 교감하며, 심신의 합일로 서로에게 영향을 주고 있다.

필자의 경우 증조부는 천석꾼 부자로 하인이 20명이나 있었다. 소리쳐 들리는 사방의 땅이 모두 증조부 땅일 정도로 부자였다.

고조부 유택이 대재가 나는 진혈이었다. 때문에 혼이 편안해 고조부 양령의 신이 증조부 음령인 신과 교감하면서 대재가 되는 집에서 살게 함으로써 부자로 살 수 있었다.

그런데 증조부 사후 음택이 후손이 폐망하는 혼이 편치 않은 비혈(음기)의 자리에 광중이 재혈됐다. 그러자 조부는 부자가 되는 진혈터에서 비혈인 음기의 집으로 이사를 하면서 많은 재산을 탕진했다.

게다가 명대로 살지 못했고 숙부님 군 복무 중 면회 다녀오시다가 버스에서 낙상하는 객상을 당했다. 부친 역시 평생 돈을 벌어본 일 없이 중조부가 일궜던 재산을 조부처럼 모두 탕진했고 집안 가산을 빈곤하게 만들었으며 말년에 간경화로 돌아가셨다.

이후 필자는 어머니가 돌아가신 후 화장한 유분을 혼이 편안하고 후손이 임금대재가 나는 진혈의 납골당에 모셨다.

그때부터 필자에게는 재산이 모이고 돌아가신 친가·외가 쪽 부모 조상 중 각진국사를 비롯하여 고성 이씨 시조인 중국 노나라 태상왕 황제였던 원명이 이기(李耳) 선생인 노자 할아버지의 지혜가 발동되어 나날이 지혜를 깨칠 수 있었다.

또한 경북 의성에서 해주 오씨이며 명의로 한의원을 운영한 외조부의 의술이 발동해 전국의 수많은 불치환자 수백 명에게 잠자고 생활하는 집에 진혈을 이동시키는 처방을 하여 건강을 되찾는데 도움을 주고 있다.

이처럼 돌아가신 조상의 유택이 내 운명의 근원처이며 살아 있는 부모가 내 운명에 절대적인 영향을 미치고 있다.

결론적으로 나는 내 2세에게 영향을 미치는 것을 볼 때 이 이치 역시 내 전생은 돌아가신 부모 조상이고, 나는 현생이며 내 후생은 나의 2세라고 할 수 있다.

이런 견해를 세월이 흘러 제자들을 비롯한 후학들이 입증할 것을 필자는 기대하고 있다.

전 세계 인류는 원래가 한 핏줄 한 민족이다

오늘날에 있어 우리 인간은 잘못된 사상과 교육으로 인하여 가문의 혈통과 혈족의 뿌리 역사에 관한 올바른 이치를 알지 못하고 가문에 전해 내려오는 족보나 조상들의 훈육(訓育)에 의하여 진실이 아닌 왜곡된 정보에 의식이 고착화되어 있다.

이 때문에 불과 오천 만이 되지 않는 조그만 한반도 대한민국이 각 성씨 별로 어느 집안이니 어느 가문이니 하며 다른 집안보다 더 우월하다 자랑한다. 성씨끼리 서로 패를 갈라 싸우고 전라도와 경상도가 서로 갈라져 반목한다.

필자가 생각할 때 이는 인간에게 있어 가문과 핏줄의 가계 혈통에 대한 뿌리의 근본이치를 알지 못한 어리석음에서 비롯된 현상이며 개탄하지 않을 수 없다.

각기 성씨마다 조상들이 뿌리의 근원을 정확하게 알았다면 예전 고려나 이씨조선 왕조에서 비롯되었던 가문간의 세력다툼이나 당파 싸움을 비롯하여 오늘날의 영·호남 갈등은 역사에서 찾아볼 수 없었을 것이다. 이제라도 우리 대한민국 전 국민이 모두가 한 형제 한 핏줄로 서로 사랑하며 위하고 힘을 합하여 부모 조상을 공경하고 가정을 바로 세우며 국가와 민족을 위하여 삶의 기간 동안 혼신을 다하여 각자가 하늘이 내린 소임을 완수하고 생을 마감할 때, 대한민국이 전 세계 최고의 일등국가로 거듭날 것이며 우리 민족의 우수성을 밖으로 내세우지 않아도 전 세계가 인정하고 존경하고 우러러 보게 된다.

여기에서 한 가지 더 한심스러운 것은, 일부 지각 있는 학자나 지식인 지도층 인사들이 애국심이라 혼돈하여 자신의 부모, 조상 제사는 소홀히 하면서도 국조 단군이라 하여 단군조상을 성스러이 모셔놓고 상다리가 휘어지도록 성대히 상을 차려 제례를 지내는 사례를 볼 때 필자는 한심스러움에 잠을 이룰 수가 없으며, 이러한 행위는 대한민국의 민족우월성을 오히려 저해하고 대원군처럼 스스로 문을 닫아 쇄국하여 나라를 전 세계로부터 고립시키고 국가발전을 저해하는 행위라고 생각한다. 왜냐하면 우리 인간의 탄생원리는 전 세계인류 모두가 같은 한 핏줄로 태어났기 때문이다.

그 이치를 지혜로 살펴보면 인간은 누구나 포·태·양·생의 과정을 거쳐 출생하는 것이며 본인의 아버지 정자와 어머니 난자의 수정 없이는 태어날 수가 없다. 단군신화를 볼 때, 대한민국의 국조 탄생원리가 사실이 아닌 신화설에 기인한다.

만일 우리가 단군신화의 내용처럼 탄생하였다면 나를 비롯하여 대한민국 민족의 시조할아버지께서 곰과 긴긴밤을 지새워 국조할아버지 정자와 곰의 난자가 수정되어 태어났다고 생각할 수밖에 없으며, 이는 외국의 사람들에게 얼마나 창피하고 부끄러운 역사인가?

단군신화는 역사를 세우기 위한 신화일 뿐, 나와 내 민족의 조상과 핏줄의 뿌리에 대한 모독이 아닐 수 없다.

우리 민족의 우수성과 올바른 뿌리의 이치를 후손들에게 바로 알려주고 이제라도 조상의 핏줄에 대한 진실을 계몽하여 민족의 정통성을 확립시키고 온 국민이 화합되게 하기 위하여 핏줄의 뿌리에 대한 진실된 이치를 필자가 다음과 같이 알려주고자 한다.

1. **대한민국 전 국민은 모두가 몸의 신체 유전인자와 성격과 지각판단 유전인자가 같은 조상에게서 물려받아 태어난 한 형제 한 가족이다.**

   왜냐하면 오랜 유교적 전통과 폐쇄성에 의하여 우리는 족보를 부계혈통 위주로 기록하였고 모계혈통은 무시하여 왔다. 내가 태어난 원리는, 아버지 정자 부계혈통으로만 태어날 수 있는 것이 아니다.

   즉, 다시 말해 내 몸과 정신은 100%가 아버지 어머니를 비롯한 친가·외가 쪽 조상에게서 물려받아 태어날 수 있었다.

   누구든지 그 집안 성씨를 볼 때, 친가 외가를 5대조만 거슬러 올라가면 10개

이상 성씨 가문의 피와 신체와 정신이 섞여 있는 것이 올바른 이치이다. 따라서 우리 대한민국 국민은 모두가 같은 피가 섞여 있고 신체와 정신이 같은 유전인자를 물려받은 한 형제 한 가족이다. 이 이치를 사람들에게 바로 알려주고 아이들에게 교육시킨다면 어찌 서로 미워하고 싸우며 시기 질투할 수 있겠는가? 서로 위하고 아끼고 사랑하지 말라 하여도 서로 사랑하게 될 것이며 이것이 진정으로 올바른 하늘의 뜻이라고 생각한다.

2. 전 세계 민족은 또한 서로 다르지 않으며 모두가 한 핏줄이다.

세계사를 통해 볼 때 오래 전부터 전쟁은 종교로부터 기인하거나 민족 간의 반목과 이기심에서 비롯되었다.

필자가 지혜로 얻은 천지대우주 인류탄생의 이치는 각기 서로 민족마다 다르게 탄생한 것이 아니라 태초에 창조주인 하느님께서 천지대우주를 창조할 때, 천지인 삼극을 보이지 않는 신인 일기(一氣), 즉 기운의 동정과 태동에 의하여 창조하였고 동물 중의 한 부류로 사람을 남녀자웅 한 쌍을 설계하여 창조하였다.

우리의 원시조인 남녀 한 쌍이 정자와 난자를 수정시켜 2세를 출생하여 그 후손들이 번성하여 전 세계 각국으로 이주하여, 지금의 각기 다른 민족이 된 것이며 원래가 한 핏줄 같은 정신과 신체의 유전인자를 물려받았으나 각기 사는 땅의 기후와 습생과 환경에 따라 피부와 신체골격과 언어를 비롯한 행동과 풍습이 조금씩 변하여 오늘날의 다른 유색인종이 되고 다른 언어를 사용하며 각기 문화가 달라지게 되었다.

이 사례를 가까이에서 살펴보면 우리 대한민국 민족이 단일민족이라 자랑하지만 이는 이치에 맞지 않는다.

실제로, 우리나라 토속 성씨 중의 하나라고 자랑하는 밀양 박씨의 유래나 김해 김씨의 유래를 살펴보자. 밀양 박씨 시조 박혁거세나 김해 김씨 시조인 김수로왕 탄생일화를 보면 알에서 깨어났다고 하는데 그렇다면 밀양 박씨와 김해 김씨 시조 할아버지께서 금수와 밤을 지새워 정자와 난자를 교합시켜 후손을 탄생시켰단 말인가? 이 무슨 창피하고 허무맹랑한 괴변이라 하지 않을 수 있겠는가?

실제로 필자는 고성 이씨로 한국시조가 황(璜)자가 함자인 할아버지의 그 윗대를 보면 중국에서 건너오셨고 당태종인 이세민과 사촌간인 황족이었다. 이처럼 우리나라 성씨의 70%가 중국에서 건너왔으며 일본인들의 조상은 우리나라 백제인이었다.

이러한 이치로 볼 때, 전 세계 인류는 모두가 한 형제이며 한 핏줄이고 한민족인 것이다. 그러나 누구도 뿌리 핏줄에 대한 이치를 올바로 깨친 사람이 없었기에, 전 세계가 민족 간의 이익과 우월성을 내세워 약육강식의 논리에 눈이 멀어 서로 형제끼리 죽이며 싸우고 있다.

필자가 이러한 이치를 책을 통하여 공개하고 전국에 '천기아카데미'를 개원하여 제자양성에 힘을 쏟는 까닭은 단 하나이다. 전 세계 모든 사람에게 효행을 바르게 실천시키며, 뿌리 핏줄의 근본이치를 가르치고 국가와 교육기관이 할 수 없는 올바른 이치를 깨치게 하여 전 세계 인류의 전쟁을 종식시키고 모두가 한 형제로서 서로 위하고 사랑하여 평화롭고 행복한 삶을 누리는 데 일조를 하기 위해서이다.

▰▰▰ 인체 몸의 신비

우리는 흔히 주위에서 사람들이 허리, 척추가 몇 번이 틀어져 디스크 때문에 고생하는 사람들을 많이 볼 수 있다.

현대의학으로는 척추 디스크 환자를 근원적으로 치료하지를 못한다.

척추가 틀어진 디스크 환자를 근원적으로 치료하기 위해서는 척추가 생겨난 원리와 이치를 깨치면 쉽게 완전한 치료 방법을 알 수 있다.

필자는 인체 몸의 원리를 정확히 알고 있기 때문에 전국에 척추 디스크로 고생하고 있는 많은 환자들에게 도움을 준 바 있다.

필자의 치료 방법은 자연의 원리를 이용한 자연 치유이며 그 이치와 방법을 소개하고자 한다.

허리 척추는 생성된 목적이 인체 몸을 지탱해 주기 위하여 성장되었다.

누구나 그 사람 인체에 따라 장기가 성장되며 그 장기를 복막으로 싸서 일차 보호하고 갈비뼈가 빈틈없이 장기를 감싸서 외부 충격에 내장이 손상되지 않도록 보호하기 위하여 척추에 고정되어 있다.

사람의 장기에 병이 생기면 병든 장기는 그 부위가 비대해지거나 위축되어 작아져서 공극이 생기게 된다.

이 원인으로 갈비뼈가 비대해지거나 위축되어 작아져서 공간이 생긴 만큼 척추에 압력이 가해져 척추가 한쪽으로 틀어지게 된다.

따라서 척추가 틀어진 디스크 환자를 완전히 근원적으로 치료하기 위해서는 인위적으로 틀어진 척추를 펴서 쇠로 고정시킬 것이 아니라, 병이 들어 비대하거나 위축된 장기를 다시 원래 상태로 건강하게 회복시켜주면 장기가 원래 상태로 제자리를 잡을 것이고, 그리하면 틀어져 있던 척추가 압력 때문에 원래의 상태로 바로 펴진다.

병든 장기를 건강하게 만드는 비결은 환자가 생활하는 집과 잠자리에 결혈을 이동시켜 결혈처로 만들어 주면 된다. 결혈에서 발생되는 따뜻한 양기가 심장을 다시 건강하게 회복시켜 탁해져 있는 피를 맑게 해서 막혀 있던 미세혈관이 모두 뚫어지게 된다. 이 영향으로 몸에 대사가 원활해지면 차져 있던 수족과 몸 전체가 정상으로 따뜻하게 변할 것이고 경화되어 있던 뇌혈관 대동맥이 저절로 완화되어 병든 장기를 회복시키고, 건강한 장기가 원래의 상대로 제자리를 잡으면 비대하거나 작아져서 생겼던 공극이 없어지며 이로 인하여 척추에 압력이 가해져 틀어진 척추가 원래 상태로 바로 잡혀서 건강을 되찾을 수 있다.

모든 병자를 자연의 원리대로 치료하는 것이 인체에 무리 없는 가장 이상적인 치료 방법이라고 생각하며 필자가 임상하고 있는 결혈(양기)을 향후 양·한방의 의료계에서 도입하여 병행한다면 전 세계 인류가 질병에 걸리지 않고 건강하게 행복한 삶을 살아가는 날이 반드시 도래하리라고 생각한다.

비우는 지혜

　복희 선천 팔괘 시대에는 인간 마음에 탐심과 욕심이 없어 세상이 순행하는 시대였다. 부자도 없었고 빈자도 없었다. 부리는 자도 부림을 당하는 자도 없어 사람이 자연의 원리와 이치대로 살아가 음모와 분노와 시기와 질투와 가난과 고통이 없었기에 선천 팔괘의 원리 역시 모나고 부딪히지 않는 순행의 괘였다.
　세상만사가 인간의 마음 때문에 변하는 것이라. 이후 세월이 흘러 주문왕, 은탕왕, 하우왕 시절에 인간마음에 탐심과 욕심이 생겨 빈부와 계급이 생겨났다. 사람들이 탐심과 욕심에 의하여 남보다 더 가지고 더 높이 오르기 위하여 남을 시기하고 질투하고 음모하고 배반하여 세상이 혼탁하게 변하였다.
　이에 주문왕, 은탕왕, 하우왕이 백성을 치정하기 위하여 복희 선천 팔괘를 적용시키니 괘의 원리가 순행하는지라 사람과 맞지 않아 그때 세상의 시류에 맞도록 순행하는 복희 선천 팔괘를 역행하도록 변형시켜 후천 팔괘를 출현시켰고 백성을 통치하였다.
　종교계를 막론하여 모든 사람들은 '비워라 비워라' 입으로만 말할 뿐 진정으로 버리고 비우는 행을 못하고 있다. 하여 필자가 깨우친 진정한 비움의 진리를 기술하고자 한다.
　부처님, 예수님께서는 병들고 가난하여 굶주림에 고생하는 중생들을 사랑하고 아끼는 마음에 당신들께서는 평생을 단 하루도 따뜻하고 편안한 거처에 잠자지 않고 맛있고 좋은 음식을 드시지 않았다.
　예수님께서는 전 세계 인류의 인간이 지은 죄를 사해주고 대속하시기 위하여 귀하신 생명을 버리고 십자가에 못 박혀 피 흘리며 돌아가셨다.

부처님 또한 3천 년 전에 우리와 똑같은 인간으로 부처님 아버지 정자와 어머니 난자의 수정에 의하여 포, 태, 양, 생의 과정을 거쳐 인간으로 태어나셨다. 그리하여 사람으로 성장하시고 한 여자와 결혼하여 아들을 낳고 소중한 가정을 가지셨다. 이때는 부처님께서 우리와 똑같은 인간이셨고 한 가정의 가장이요 한 여자의 남편이며 한 아이의 아버지셨다.

하나 29세 때에 세상을 구하고 중생을 구제하실 큰 뜻을 품고 출가를 결심하셨다. 이때는 부처님께서 지혜를 깨치시기 전이라 우리와 같은 인간이셨기 때문에 무엇보다 소중한 아내와 자식을 버리고 세상을 구할 것인가 아니면 소중한 가정을 지킬 것인가에 대하여 얼마나 고민을 하셨겠는가? 만일 부처님께서 소중한 처자식을 위하여 가정을 지키셨다면 오늘의 석가모니 부처님은 세상에 존재하지 않았다. 여기서 우리는 부처님 예수님께서 세상에 둘도 없는 자신에게 가장 소중한 가정과 생명을 버리고 비웠기 때문에 오늘의 위대하신 부처님 예수님이 탄생할 수 있었다는 진리를 명심해야 한다.

천막이면 어떠랴? 그것이 부처님 예수님께서 진정으로 원하시는 것을…… 오갈 곳 없는 거지가 지나가면 종교계에서 제일 먼저 불러들여 먹여주고 재워주는 것이 부처님 예수님께서 가르치시고 원하시는 길인 것을…….

따라서 필자는 인간은 누구나 자신에게 가장 소중하고 귀한 것을 버리고 비우는 것이 더 크고 더 귀한 것을 얻는 비결이라고 생각한다. 누구든지 자신이 소유하고 있던 귀하고 소중한 것을 잃었다 하더라도 조금도 슬퍼하거나 실망하지 말라. 이때가 오히려 자신에게 가장 크고 좋은 기회의 때이다. 살던 집이 경매에 넘어가고 소유하고 있던 귀한 것이 내 소유에서 떠났다 하더라도 괴로워할 일이 아니라 새로운 희망의 때이니 용기와 자신을 가지고 더 큰 것을 이루기 위하여 노력하기 바란다. 그리하면 하늘이 비우는 이치에 따라 반드시 더 크고 좋은 것을 내려줄 것이라 확신한다.

■ 중요한 사람 선택하는 비결

　인간의 생로병사 길흉화복의 요인 중에 첫째가 인연이다. 운이 들어온 사람을 가까이하고 친하게 지내면 매사에 우환이 없고 하는 일이 잘 되어 성공하지만 운이 나가는 때에 있는 사람을 가까이하고 친하게 지내면 사고 나서 죽을 길을 그 사람 때문에 동행하여 가서 죽게 되고 매사에 되는 일이 없고 실패하여 폐망한다.

　사람을 선택하는 데에 있어 닫혀 있는 눈으로 보고 판단하기 때문에 사람들은 올바르게 판단하지 못하게 된다. 필자가 인간을 자연의 이치로 보는 법을 알려줄까 한다. 누구든지 필자가 알려준 대로 매사에 사람을 고르고 선택할 때 활용한다면 단 한 사람도 실패하는 사람 없이 모두 다 성공할 수 있다. 따라서 필자의 사람 고르는 비결을 명심하여 실천하기 바란다.

1. 사람 얼굴을 볼 때 얼굴 혈색이 붉은색이 강하면 하체 쪽으로 피가 순환하지 않는 상혈의 병이 들은 사람이므로 뇌혈관 대동맥이 경화되어 언제 뇌졸중으로 쓰러질지 모르며 평범한 이야기에도 언제 폭발할지 모르는 사람이다. 가까이 하면 손해가 된다. 한 마디로 운이 나가는 때에 있는 사람이다.
2. 얼굴색이 핏기가 없고 창백한 사람도 몸이 대사가 되지 않고 심장이 병약한 사람이라 운이 나가는 때에 있는 사람이다.
3. 얼굴색이 누런빛이 보이는 사람은 간, 심장, 신장 중에 하나가 병들은 사람이라 황달 정도에 따라 병증세가 심한 사람이다. 이 사람 역시 운이 나가는 때에 있으므로 조심해야 한다.
4. 얼굴색이 검은빛이 비치는 사람은 흑달이라 이 사람 역시 간이나 장에 병이 있는 사람이고 운이 나가는 때에 있는 사람이다.

5. 얼굴을 바로 보아 좌우가 일치하지 않고 어느 한쪽이 크거나 작은 사람은 풍이 들어온 사람이라 병든 사람이요 운이 나가는 때에 있는 사람이다.
6. 얼굴을 바로 보아 위, 아랫입술(하관)이 일치하지 않고 아랫입술, 턱이 한쪽으로 틀어진 사람은 그 돌아간 정도에 따라 뇌혈관 대동맥이 경화된 중풍 중의 사람이라 운이 나가는 때에 있는 사람이다.
7. 얼굴을 유심히 보아 눈 아래 좌우의 근육이 떨고 있거나 움직이는 사람도 풍 중의 사람이라 운이 나가는 때에 있는 사람이다.
8. 악수를 할 때에 손을 잡아서 손의 온도가 높은 사람은 몸속에 염증이 있거나 하체 쪽으로 피가 내려가지 못하여 발이 차고 상열 중에 있는 병들은 사람이라 운이 나가는 때에 있는 사람이다.
9. 손을 잡아서 찬 사람은 몸이 냉하고 대사가 되지 않는 심장이 병든 사람이라 운이 나가는 때에 있는 사람이다.

인간은 체질에 따라 혈색이 하얗고 붉은 것이 아니며 몸이 뜨겁거나 찬 것이 아니라 체질은 하나이며 병들은 사람이다. 몸이 건강하지 못하면 성격이 바르지 못하고 눈, 귀가 닫혀 지각과 판단력이 올바르지 못하게 된다. 상기에 해당하는 사람은 본인이 살고 있는 집에 혈이 들어가지 못하여 운이 나가는 때에 있는 사람이다.

누구든지 사업파트너나, 반려자, 사윗감, 며느리, 친구를 포함하여 중요한 인연을 선택할 때 필자가 알려준 비법대로 운이 나가는 때에 있는 사람을 제외한 인연을 고르고 선택하면 실패하지 않고 성공할 수 있다.

따라서 미완성의 학문인 사주나 궁합에 지나치게 치중하지 말라. 그리고 운이 들어온 사람은 사는 집이 결혈처의 자리의 집에서 잠자고 생활하는 사람이라 결혈 양기의 영향으로 몸이 건강하고 판단이 올바른 사람은 얼굴을 보아 상이 일그러지지 않고 밝게 펴져 있으며 외관으로 보아도 피부가 윤기가 있고 빛이 난다.

반대로 운이 나가는 때에 있는 사람은 자신도 모르게 얼굴의 상이 일그러지기 시작하고 피부가 윤기가 없어 푸석하며 얼굴을 볼 때 빛이 나지 않고 병색이 보인다. 이상과 같이 필자의 사람 보는 비결을 명심하고 생활하면 절대로 실패하는 일이 없다.

■ 광주 5.18 추모공원 묘지의 기적

2007년 9월 8일 오후 3시에 필자가 광주민주화운동의 한으로 돌아가신 부친과 모친의 유혼이 안주하고 있는 후손 양○○씨의 부모 산소 처방 부탁으로 5.18 묘원에 도착했다.

날이 맑아 햇살이 뜨거웠다. 추모공원의 스피커에선 그때 그날의 처참했던 광경을 떠올리게 하는 당시의 노래가 흘러나오고 있었다.

자식 같은 공수부대의 총·칼 아래 피 흘리며 죽어간 수많은 원혼들의 울부짖음이 귓전에 울리는 듯했다.

필자는 동행한 유족 부부와 광주 소재의 한종석 지회장을 비롯하여 천기아카데미 제자들과 함께 5.18 광주 민주항쟁 추모탑에 향을 피우고 한 많은 원혼들이 한 분도 빠짐없이 혼이 편히 안주하고 사랑하는 후손들과 이 나라 대한민국을 위하여 도와주길 기도하였다.

필자가 묘원 출입문 입구에서부터 전체의 묘택을 '천기비법'으로 감정한 바 5.18 묘원은 전체가 사방의 산에서 혈맥이 끊어져 있고 물이 많았으며 심한 비혈이라 한 많은 혼들이 단 한 분도 편한 분이 없고 죽어서도 혼이 편치 않은 심한 비혈처에 안장된 것을 확인하고 하늘을 보며 결심을 하였다.

내가 광주민주화운동으로 돌아가신 수많은 원혼들을 오늘 주위 산의 양기의 혈을 모두 이동시켜 단 한 분도 빠짐없이 유택마다 혼이 편히 안주하고 후손이 임금·대재가 나는 '명당 진혈로 바꾸어야 되겠다' 결심을 한 후 제자들로 하여금 양명기석과 삽을 준비시켜 산 전체를 돌아가며 막혀 있는 혈맥을 한 곳도 빠짐없이 모두 열고 산의 모든 결혈을 이동시켜 묘원 안에 안장된 산소 전체에 '진혈'이

들어오도록 처방하여 명당으로 바꾸었다.

　이 시간부로 그날의 한 많았던 수많은 유혼들이 이제 편히 눈을 감고 한을 풀고 편안히 안주할 수 있게 된 것이고, 한 달 후면 이끼가 끼고 잔디가 시퍼렇던 묘원 전체가 따뜻한 결혈의 양기 기운에 노란 진혈의 왕릉처럼 연둣빛으로 점차 변하여 갈 것이고, 그 후손들이 혼이 편하여진 영의 도움으로 크게 성공하여 조상의 한을 풀고 가문을 빛낼 것이다.

　필자의 조그만 이 노력이 하늘의 뜻으로 그날의 한을 씻고 광주가 대한민국의 '빛고을' 로 새로이 탄생하기를 기도하는 바이다.

묘역 출입문 입구 혈맥이 끊긴 비혈 확인

산에서 결혈을 이동시키기 위해 처방하는 장면

산에서 막힌 혈맥이 묘역으로 내려가는 장면

묘원 산소 전체가 비혈이 진혈로 바뀐 상태를 확인하는 장면

비혈 산소를 진혈 처방 후 예를 올리는 장면

묘역 처방 후 5.18묘원 전체가 진혈로 바뀜

혼을 편하게 하기 위해 기도하는 장면

5.18 영혼과 광주와 국가를 위해 기도

▬ 혈·비혈의 존재를 입증하는 탐지기계 발명

천기로드(Field Rod) 발명특허 출원(세계특허)

수천만 년 동안 '혈'은 사람의 눈에 보이지 않는 기운으로 운명에 영향을 미치거나 세상에 나타나지 않았다.

따라서 풍수지리 학문 중에는 전 세계 그 어떤 책을 찾아보아도 혈이 어떻게 생겼고 어떤 모습으로 어디에 어떤 크기로 맺혀 있는가에 대하여 명확하게 밝혀진 바가 없다.

'혈'은 눈에 보이지 않는 '기운'이자 '신'이기에 하늘이 선택하여 경지에 도달한 사람에게만 느낄 수 있고, 찾을 수 있는 비결을 터득할 수 있게 한다.

필자는 혈맥이 어디로 이동하여 어떤 크기로 어느 곳에 결혈되어 맺혀 있는가를 명확하게 알 수 있다.

그러나 그 비결을 자연을 활용하거나 눈으로 보고 몸으로 느낀다 해서 과학적으로 설명하고 표현해 디지털 게이지처럼 기계화시켜 찾을 수 있는 방법은 전무한 게 현실이다.

이러한 상황에서 필자는 각고의 노력 끝에 결혈처와 비혈처의 자리를 감별해 내고 정확하게 진단할 수 있는 전자식 기구를 만들어냈다.

결혈처의 자리에는 사람을 비롯하여 식물, 동물 등의 대사 순환이 되어 발생되는 자연 전류, 전하와 같은 양·음 전하 전류가 식물, 동물, 사람 등의 생명체에 영향을 미친다.

좋은 영향은 면역세포와 정상세포를 활성화시켜 질병으로부터 보호되고 생명체가 정상적으로 건강하게 발육될 수 있도록 도와준다.

반면 비혈처에는 생명체와 같은 따뜻한 성질의 양전하가 존재하지 않고 차고 냉한 음전하만 존재한다는 데 착안해 회전식 탐지기를 개발했다.

이 탐지기에 인체 전류와 같은 전기를 공급시키기 위하여 양명기석과 1.5V의 건전지를 내장한 결과 건전지 +전하가 탐지기 끝에 맺혀 있다가 양전하가 결혈지에 있는 인체와 같은 성질의 양·음 전하 전류쪽으로 당겨 가서 원을 그리며 결혈의 크기만큼 표시를 해준다.

비혈의 자리에서는 음전하의 영향으로 당기지 못하고 오히려 밀어내는 현상을 표시하여 결혈 명당자리와 비혈지를 정확하게 구분해낼 수 있다. 이렇게 결혈 명당자리 탐사기를 과학적으로 구분해낼 수 있는 기계를 세계 최초로 발명해 특허출원했다.

이 탐사기는 결혈 명당자리뿐만 아니라 수맥이 지나가는 곳도 정확하게 파악해 낼 수 있다. 수맥이 있는 곳에 탐지기가 접근하면 수맥에서 올라온 음전하 파장을 감지하여 정확하게 꺾임 현상이 나타난다.

수맥이 지나간 비혈지에서는 정지한 상태에서 탐지기 끝에 있는 양전하와 비혈지의 음전하가 서로 반응하여 안으로 꺾임 현상을 표시하고 결혈지에서는 탐지기 양전하와 결혈지에서 방출되는 인체와 같은 성질인 양전하 전류가 반응해 밖으로 벌어지는 현상을 명확하게 나타내준다.

본 탐지기와 혈·비혈지에서 존재하는 양·음 전하와 전류의 존재성을 확인하기 위해 탐지기에 배터리를 제거시키면 탐지기는 전혀 반응을 하지 않는다.

이 탐지기의 발명은 눈에 보이지 않는 명당 결혈지와 비혈지에서 존재하는 다른 성질의 전하, 전류가 실존한다는 것을 입증시킬 수 있는 세계 최초의 과학적인 발견이라고 할 수 있다.

향후 과학계에서 좀더 발전된 기술로 이를 입증시킬 것이고 에디슨의 '전기'나 아인슈타인의 '상대성이론'을 능가하는 발명으로 평가받게 될 날이 멀지 않았다.

탐지기 성능을 농산물이 자라고 있는 농경지와 집안에서도 확인해 보니 정확한 결과를 알 수 있었다. 똑같이 심었어도 잘 자라는 것들이 있는 반면 비실하게 자라지 못하는 농작물이 있게 마련이다.

이 탐지기를 농작물, 경작지에서 실험해 보면 함께 심은 농작물 중 건강하게 잘 자란 식물과 나무의 자리에서만 원을 그리며 돌려서 결혈의 크기를 나타내주었고 잘 자라지 못한 식물이나 나무가 있는 곳은 탐지기가 당겨 가지 않고 반대로 밀어내어 정확하게 표시하여 주었다.

산소나 집안에서도 수맥이 지나가는 자리에서는 예외 없이 꺾임 현상을 표시하고 사람이 사는 집의 잠자는 자리에서는 질병에 걸린 중환자가 자는 자리는 밖으로 밀어내고 건강한 사람이 잠자는 자리에만 당겨 가서 원을 그리는 현상을 나타냈다.

아이들이 공부하는 방을 실험해 보니 건강하고 성적이 좋으며 공부를 잘하는 아이 방으로 당겨 가서 책상과 누워 자는 자리에 원을 그리며 결혈지를 표시하고 건강하지 못하고 성적이 나쁜 학생의 방으로는 당겨 가지 않고 밖으로 밀어내는 현상을 표시하여 주었다.

상가 점포를 조사하면 탐지기는 장사가 잘 되어 돈을 벌고 있는 가게 안에서는 당겨 가서 계산하는 카운터 자리에 원을 그리고 돌려서 표시하여 주고 비혈의 장사가 되지 않아 망하는 가게 점포는 출입구에서부터 안으로 당기지 않고 밖으로 밀어내어 표시한다.

이렇듯 사람이 생활하는 주변 환경 곳곳에서 실험해본 결과 본 기계의 결혈 명당자리 탐사기 기능에 대한 과학적인 근거를 충분히 확인할 수 있었다.

특히 인간 운명을 바꿀 수 있는 중요한 생활 도구로써 보다 많은 사람들이 행복한 삶을 살아가는 데 있어 활용하기를 바란다.

향후 필자가 발명한 기계인 천기로드가 전 세계 인류를 질병과 고통에서 벗어나게 하고 성공하여 건강하고 행복한 삶을 살아가는 데 기여하는 위대한 발명으로 평가받을 수 있을 것을 확신하는 바이다.

발급번호 : 5-5-2007-050158312

출원사실증명원
CERTIFICATE OF APPLICATION

출원인 Applicant	성 명 Name	이종두 LEE JONG DOO	주민번호 Residence No	
	주 소	경기 안양시 동안구 평촌동 54-1 대 도아파트 나-303	전화번호	
발명자 Inventor	성 명 Name	이종두 LEE JONG DOO	주민번호 Residence No	
	주 소	경기 안양시 동안구 평촌동 54-1 대 도아파트 나-303	전화번호	
대리인 Agent	성 명	김순웅	대리인 코드	9-2006-000534-4
	주 소	서울 구로구 구로동 188-5 키콕스벤처센터209호(정진국제특허법률사무소)		
출원번호 Application Number			출원일자 Filing Date	2007년 08월 28일 AUG 28, 2007
발명(고안)의 명칭, 디자인을 표현할 물품, 상품(서비스업)류 구분 Title of Invention, Product(s) Embodied in Design, or Classification of Mark		결혈 명당지 탐사기 Detector of water current		
용 도		확인용	IPC 분류	
최종처분상태			최종처분일	

위 사실을 증명함.
This is to certify that the above applicant has filed as stated in this certificate at the Kore
an Intellectual Property Office

2007년 09월 10일

특 허 청 장
COMMISSIONER

발급일자 : 2007.09.10

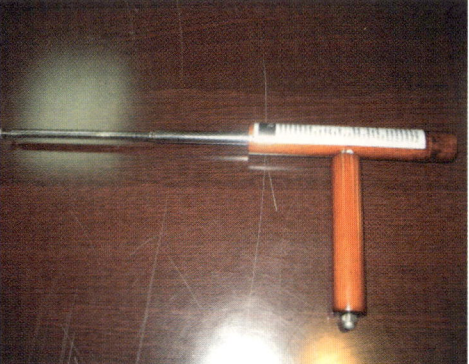

세계 최초 전기를 이용한 전자식 명당지 및 수맥 탐사기계 발명

제1부 인간이 천지인 삼극의 주체이다 | 43

▰▰ 결혈(양기), 비혈(음기) 및 양명기석의 과학적 입증을 위한 임상실험

1. 연구과제명 : 혈(양기), 비혈(음기) 및 양명기석의 생리 활성화 연구
   세부과제 Ⅰ. 혈(양기), 비혈(음기) 및 양명기석의 암세포 및 면역세포에 미치는 연구
   세부과제 Ⅱ. 혈(양기), 비혈(음기) 및 양명기석의 가축생육과 질병예방 효과에 대한 연구
   서울대학교 수의과대학 수의과학연구소 임상실험 진행 중

2. 연구과제명 : 양명기석의 항암효능에 관한 실험
   경희대학교 의과대학 임상실험 종료

3. 연구과제명 : Ⅰ. 제3의 파장(양기, 음기)이 작물에 미치는 영향
              Ⅱ. 음기를 차단시키는 양명기석이 작물에 미치는 영향
   서울여자대학교 자연과학대학 임상실험 종료

4. 연구과제명 : 혈(양기), 비혈(음기) 및 양명기석이 식물생육에 미치는 영향 연구-
   상추재배 실험
   서울대학교 농업생명과학대학 전창후 교수 예비실험 종료

5. 연구과제명 : 혈(양기), 비혈(음기) 및 양명기석이 식물생육에 미치는 영향 연구—
    참외, 사과, 벼, 상추 혈(양기) 농법 실험
   경북(성주), 경북(대구), 경기·경남(이천, 의령) 농가와 계약 재배 실험 중

6. 연구과제명 : **양명기석의 신체 활성화에 대한 연구**
   연구내용 : 양명기석 사용 전·후의 환자 상태를 비교함으로써, 양명기석에서 발생하는 생체기와 이로 인한 신체 활성화의 효과를 관찰하도록 한다.
   실험대상 : 심혈관질환 환자를 대상으로 하되, 처음 중간 탈락자를 감안하여 시작한다.
   측정내용 : 심장과 두뇌의 혈액순환을 타깃으로 삼는다.
   동의대학교 한의과대학 부학장 김경철 교수 임상실험 진행 중

7. 연구과제명 : **양명기석의 성분 및 미세구조 분석**
   연구내용 : 양명기석은 그 자체가 양기를 가지고 있을 뿐만 아니라 음기에 두면 음기를 양기로 바꾸며, 토양이 양기가 강한 명당으로 바뀌어 지기도 한다. 건강이 좋지 않은 사람이나 환자들을 양명기석과 관련된 제품을 사용함으로써 건강이 회복되는 등 지금까지 좋다고 알려진 양질의 맥반석, 게르마늄 소재와 비교하여 그 효과가 훨씬 더 좋은 것으로 나타났다. 그러나 지금까지는 그 효과가 결과만으로 알려져 있고 과학적 접근은 이루어지지 못했다. 본 연구에서는 양명기석을 이루고 있는 성분과 미세구조를 다양한 분석 장비를 이용하여 조사하고자 한다.
   동의대학교 공과대학 전기공학과 남춘우 교수(세계과학인 100인 등재) 임상실험 진행 중

8. 연구과제명 : 양명기석이 지자기에 미치는 영향

   연구내용 : 우리가 살고 있는 지구촌은 커다란 자성체와 같아서 북극(N극)과 남극(S극)을 중심으로 하여 지하와 지상에 미약하지만 자기장이 널리 분포되어 있다.

   따라서 지구의 자기력(지자기)의 분포가 지형, 지물과 조화되어 지구상에는 양기(혈)가 가득 찬 장소와 음기(비혈)로 가득 찬 장소가 나타난다고 사료되어진다.

   본 연구에서는 양명기식을 임의의(양기, 음기, 기타) 장소에 두었을 때 지자기와 전류, 전하에 미치는 영향을 측정 장비를 이용하여 연구 조사해 보고자 한다.

   동의대학교 공과대학 전기공학과 차득근 교수 임상실험 진행 중

서울대학교 수의과대학 수의과학연구소

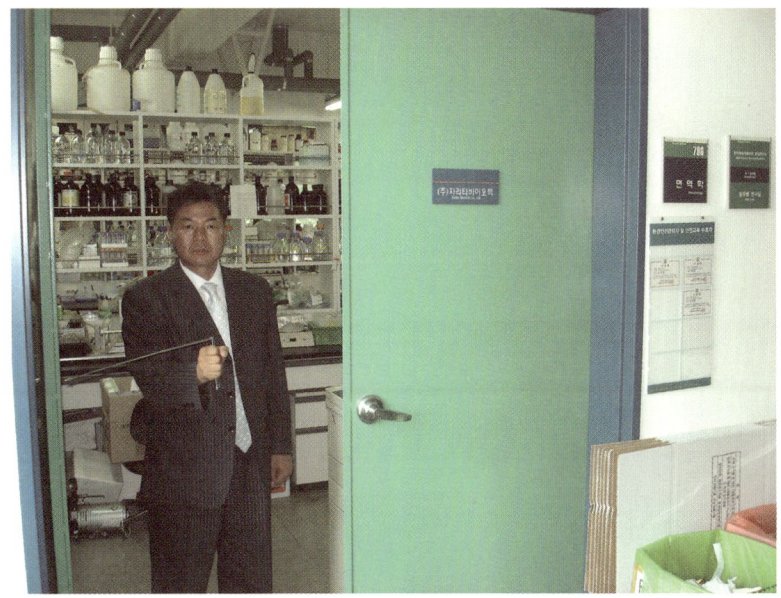

서울대학교 수의과대학 면역학 연구실 전경

서울대학교 수의과대학 면역 연구실
비혈(음기) 세포 배양 위치 확인

암세포, 면역세포 배양실험
비혈(음기) 위치 확인

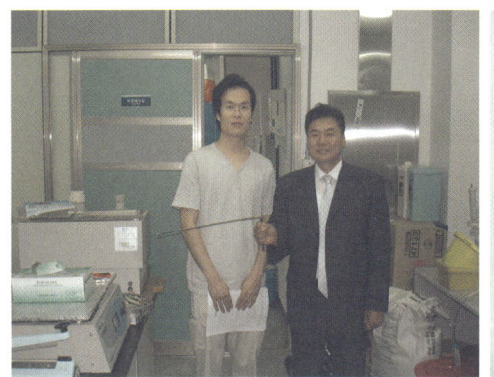
서울대학교 수의과대학
면역 담당 연구진과 함께

무균 항온실험실 인큐베이터 자리 양기 기운
손으로 확인

임상실험 자리 결혈(양기) 상태 확인
서울대학교 수의과대학 내

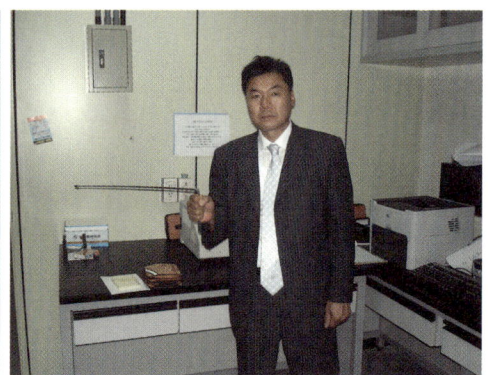
면역세포, 암세포 인큐베이터 위치
양기 상태 확인(세포 배양실험)

서울대학교 수의과대학 닭 실험농장에서 연구진과 함께

서울대학교 수의과대학
닭 실험농장 비혈 진단

서울대학교 수의과대학 닭 실험농장
비혈(음기) 측정 장면

서울대학교 수의과대학 닭 실험농장
결혈 상태 확인

농장 혈(양기), 비혈(음기) 진단 장면

돼지 실험농장 혈맥을 조사

돼지 실험농장 혈맥을 따라 이동

돼지 실험농장 결혈 방향을 가리키는 장면

제1부 인간이 천지인 삼극의 주체이다 | 49

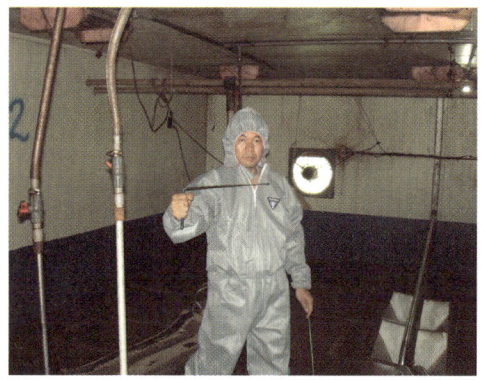
돼지 실험농장 비혈(음기 -10) 측정 장면

비혈 지표에 맥반석 설치

돼지 실험농장 양명기석 설치

결혈 돼지 실험 진행중(45일 후)

비혈 지표 실험 진행중(45일 후)

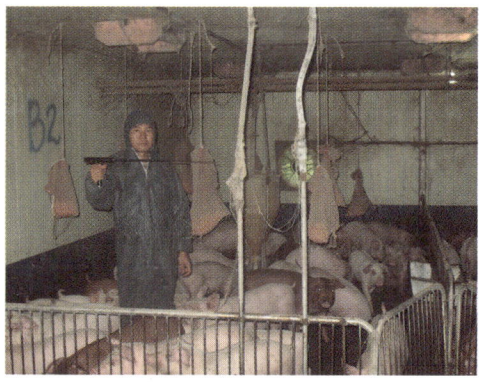
맥반석 설치 후 생육(실험 진행중)

참외, 사과, 벼, 상추 혈(양기) 농법실험

혈이 사과나무로 들어가 결혈상태를 확인하는 장면
-무농약, 무비료 혈(양기) 농법 사과 재배 실험 중

비혈 사과밭에 혈을 이동시켜 결혈(양기)로 바꾼 장면
-무농약, 무비료 혈(양기) 농법 사과 재배 실험 중

비혈(음기) 참외 하우스에 혈을 이동시켜 결혈(양기)로 바꾼 상태
-무농약, 무비료 혈(양기) 농법 참외 재배 실험 중

결혈(양기)로 바뀐 참외 하우스 진단 장면
-무농약, 무비료 혈(양기) 농법 참외 재배 실험 중

서울여자대학교 자연과학대학

결혈(양기)지에서 잘 자란 채소 임상실험 결과

비혈(음기)지에 맥반석, 맥반석물 살포 후 못 자란 채소 실험 결과

비혈(음기)지에 맥반석 살포 후 생육이 안 된 채소

비혈(음기)지에 맥반석, 맥반석물 살포 후 못 자란 채소 실험 결과

동의대학교 한의과대학

〈동의대학교 한의과대학 환자 임상실험〉

번호	성명	성별	나이	주소(부산시)	병명	설치일자 2007년 09월 19일
1	김○○	남	43	수영구 남천동	뇌혈관 대동맥 경화 중풍 증세 시작 머리 허리 위로 상열 하체 혈액순환 안됨	12:30
2	안○○	여	71	수영구 광안1동	호흡질환 고혈압	13:10
3	오○○	남	58	해운대구 중1동	당뇨 뇌혈관 대동맥 경화 어깨 경화 얼굴 황달 상열	14:00
4	천○○	여	63	해운대구 좌동	중성지방 좌측풍 뇌혈관 대동맥 경화 3년 전 교통사고로 어깨 경화 혈액순환 문제	14:30
5	손○○	남	65	해운대구 좌동	중성지방 대장 종양(1년마다 수술) 14개	14:30
6	이○○	남	50	해운대구 좌동	콜레스테롤 고	15:30
7	김○○	여	42	해운대구 좌동	뇌혈관 대동맥 경화 수족이 냉하여 수족마비 자주 일어남 와사풍 신진대사 힘듦 우울증 아주 심함	16:00

■ 김○○(남, 43세)

환자의 자는 방 심한 비혈지 확인

비혈지 천기비법으로 처방

천기비법 처방 후 환자 방이 결혈처(양기)로 바뀐 상태

■ 안○○(여, 71세)

환자의 집 쇼파 심한 비혈지 확인

천기비법으로 처방

천기비법 처방 후 혈이 집안으로 들어가는 장면

천기비법으로 처방하는 장면

■ 오○○(남, 58세)

환자의 방 심한 비혈지 확인

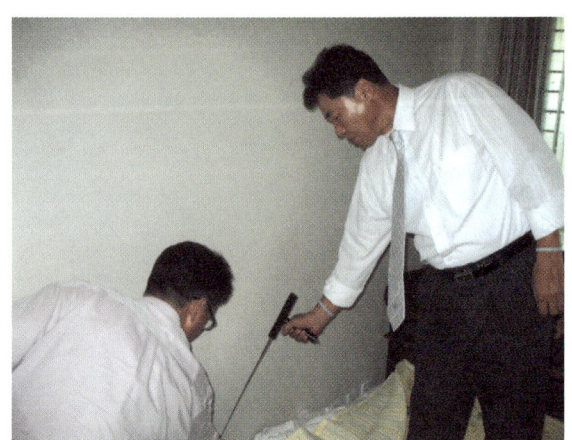

천기비법으로 처방하는 장면

천기비법 처방 후 환자의 방이 결혈처로 바뀜

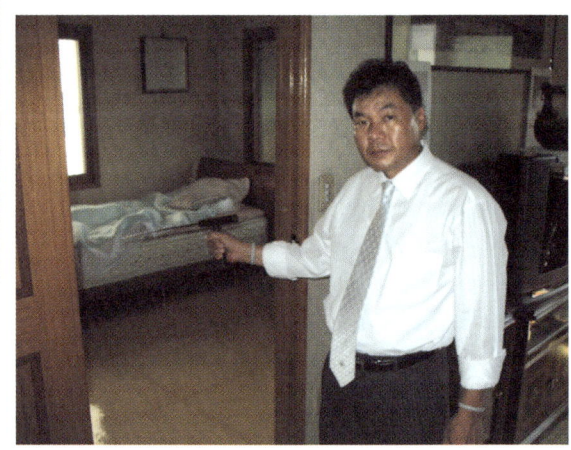

천기비법 처방 후 혈이 방안으로 들어감

■ 천○○(여, 63세)

환자의 방 심한 비혈지 확인

환자의 방 심한 비혈지 확인

천기비법 처방 후 집안으로 혈이 이동

천기비법으로 처방

■ 김○○(여, 42세)

김○○ 환자가 거주하는 방의 잠자리 심한 비혈

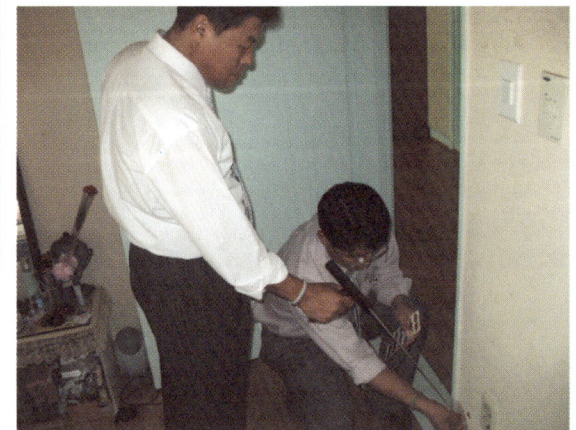

천기비법으로 처방하는 장면

천기비법 처방 후 결혈 확인

양명기석 설치 후 진혈지로 바뀐 상태를 천기로드로 확인

제2부

인간 운명의 메커니즘 원리 및 운명 바꾸는 법

인간 운명의 메커니즘 원리

내가 사는 집이 내 가족의 사주판이다.

■ 전생

부모(生)　　　　부모 집

부모의 사주판

부모 음령 신(神)과 내 음령 신(神)이
교감하여 내 운명에 영향을 미침

부모(死)　　　　부모유택(산소)

산소자리에 자식 자리 배정
혈, 비혈에 의하여 영향을 줌

유택의 혈, 비혈에 따라 부모의 음령인
백이 편하거나 병들게 되어 부모의 양령인 신(神)
이 자식의 음령인 신(神)에게
시공을 초월하여 교감하여 삼재우환의 근원이 됨

```
조상영령기氣  사인－음기－사령     양령－신－유혼－양기(＋)
祖上靈氣      死人－陰氣－死靈     陽靈－神－遊魂－陽氣(＋)
                                음령－귀－정백－음기(－)      이二
                                陰靈－鬼－精魄－陰氣(－)      기氣
                                                            결結
자손생기氣    생인－양기－생령     양령－정－행동－양기(＋)    합合
子孫生氣      生人－陽氣－生靈     陽靈－精－行動－陽氣(＋)
                                음령－신－의사－음기(－)
                                陰靈－神－意思－陰氣(－)
```

■ 현생

나　　　　　내 집

내 사주판

현관 출입문 : 재문, 관, 입신(운문)
집안 거실 : 운이 모이는 곳
안방 : 돈이 모이는 곳

처　　　　　안방

안방 출입문 : 안주인(부인)의 재문
안방 공간 : 부부 운의 공간
주방 공간 : 안주인 잠자리와 기운이 같음

부부　　　　　침대

잠자는 침대자리

자는 자리는 부부 각각 몸의 사주

■ 후생

아이　　　　　아이 방

아이의 사주판

아이 방 출입문 : 아이의 관운, 입신운
아이 방 : 아이 운의 공간
아이 침대자리 : 아이가 자는 자리는 아이
　　　　　　　　몸의 사주

1. 의의

 지구 창조 이래 전 세계 그 누구도 인간의 생로병사 길흉화복의 운명 원리를 밝힌 사람은 없다.

 필자는 돌아가신 부모님과 하늘의 도움으로 인간의 운명 메커니즘 원리를 지혜로 깨쳤다.

 필자가 인간 운명의 생로병사 길흉화복 이치를 인류 건강과 행복을 위하여 다음과 같이 공개하는 바이니 이 이치를 많은 사람들이 활용하여 누구나 병들지 않고 장수하며 우환삼재를 겪지 않고 열심히 노력하여 모두가 다 목표하는 바를 이루고 성취하여 행복한 인생을 누리는 데 있어 지침서로 활용하기 바란다.

2. 건강과 질병의 원리

 누구나 사람은 태어날 때 남·녀 한 쌍으로 서로 다른 체질이 아닌 한 체질로 설계되어 친가, 외가 쪽 부모 조상 몸의 신체 유전인자를 100% DNA로 물려받아 태어난다.

 따라서 장수하는 것과 병드는 것 모두가 다 부모 조상의 신체 유전인자에 기인한 것이다.

 의학계, 과학계를 비롯하여 전 세계 각 분야에서 건강과 질병, 장수의 비결이 좋은 물, 공기, 음식, 환경과 규칙적인 운동으로 알고 있으나 이는 10% 미만이고, 지구상의 동·식물, 인간을 비롯한 모든 생명은 눈에 보이지 않는 기운인 혈(양기), 비혈(음기)이 질병과 건강에 90% 영향을 미친다. 필자는 이것을 입증하기 위하여 부단히 노력을 한 결과 이제 전 세계 인류를 병 없이 건강하게 만들기 위한 사명감으로 이 원리를 밝히는 바이고, 필자의 이 책이 전 세계 인류의 모든 생명체를 질병에 걸리지 않게 하고 건강하게 만들 것이고, 이는 하늘의 뜻이라 생각한다.

3. 병들지 않고 건강하게 장수하는 비결

 사는 집의 잠자고 앉는 자리가 결혈처의 자리에서 생활하여야 한다.

결혈처엔 현재 임상실험을 진행하고 있는 학자들이 정확하게 규명하겠지만 필자가 생각할 때 인체 생명체와 같은 따뜻한 기운과 전하, 전류가 형성되어 있어 유전적으로 물려받은 신체 유전인자 중 건강한 세포 증폭이 활성화되고 질병 유전인자가 억제되어 질병에 걸리지 않고 장수하며 건강하게 명대로 살 수 있다.

4. 삼재우환을 겪지 않는 비결

삼재우환은 자신의 음령인 신과 살아계신 부모 음령인 신, 돌아가신 부모 조상인 양령인 신과 교감에 의하여 영향을 미친다.

① 사는 집이 결혈처의 자리에서 살게 되면 삼재우환을 겪지 않고 행복한 삶을 영유할 수 있다.

② 살아계신 부모 집이 결혈처의 자리라야 부모 음령인 신이 자신의 음령인 신에게 교감하여 해롭고 죽으며 관재우환이 있는 장소에 가지 못하도록 막아주고 해로운 사람과 인연을 맺지 않도록 피하게 하며 우환삼재를 겪지 않도록 생각하고 판단하게 한다.

③ 돌아가신 부모 유체를 결혈처의 자리에 안장하여야 한다.

돌아가신 부모의 시신이 결혈처의 자리에 안장되면 부모 백이 편케 되어 양령인 신이 자식의 음령인 신과 시간과 공간을 초월하여 교감하여 우환삼재를 피하고 막도록 도와준다.

부모 시신이 비혈의 자리에 안장되면 백이 편치 않게 되어 자식의 음령인 신과 교감하여 죽으러 가는 길을 선택해 가게 하고 우울하여 자살한 조상의 기질이 발동되게 해 자살하게 하며 실패하고 거칠고 난폭한 조상의 기질이 발동되게 해 관재를 당하여 교도소나 형무소에 수감되게 만든다.

또한 본인을 사기치고 망하게 할 사람은 예쁘게 보이게 하며, 결국 이 선택이 사업에 실패하고 폐망하게 만든다.

5. 성공과 실패의 원리는 자명하다.

누구든지 사람은 본인의 성격이나 판단력, 지각에 따라 성공과 실패가 결정되는 바 본인의 성격이나 판단 분별력은 100% 조상에게서 기인한다.

① 성공하기 위해서는 사는 집을 결혈처로 유지하여야 한다.

결혈처의 자리에서 살게 되면 누구나 태어날 때 부모 조상으로부터 물려받은 유전적 성격 성향 중에서 결혈처에 형성된 양기가 자살하고 실패한 조상의 유전적 성격(우울함, 거칠고 난폭함, 비굴함, 재산 탕진시키는 성격, 본인에게 해롭고 손해되는 것을 선택하고 결정하는 판단력)을 억제시키며 훌륭한 조상의 유전적 성격(밝고, 바르고, 용기 있고, 재산을 모으는 지혜, 사람이나 사물을 올바로 판단하는 지각과 판단력)이 발동하게 해 사람을 성공하게 만든다.

② 본인이 근무하는 직장자리와 사업장 터를 반드시 결혈처로 유지하라.

무엇보다 중요한 근무처 자리와 사업장 자리는 비혈(음기)을 완전히 제거하고 결혈지(양기)로 유지하여야 음기로 인한 우환과 나쁜 성격이 소멸되고 날이 갈수록 훌륭한 조상의 유전적 성격이 발달되어 자신의 마음이 밝고 편안해지고 얼굴상이 펴져서 빛이 나고 사람이나 사물에 대한 판단력이 올바르게 바뀌어 본인에게 해로운 일을 멀리하고 손해되고 피해를 줄 수 있는 사람을 구분하여 가까이 하지 않게 되고 본인이 원하는 바를 도와주고 이루어 줄 수 있는 은인을 선택하게 되어 날이 갈수록 지혜가 깨어나 직장이나 사업에서 성공하고 하늘의 뜻에 따라 운을 받아 크게 성공하게 된다.

6. (생, 사) 부모가 자식의 운명을 좌우한다.

① 사랑하는 내 자식을 성공시키기 위해서는 반드시 내 집 구석구석 전체를 결혈처로 유지하여야 한다.

아이가 거처하는 방이 아이의 사주판인 바 아이 방 입구는 그 아이의 현재 운의 출입문이라 반드시 혈맥이 들어가야 하고, 혈맥이 들어가 아이가 앉아서 공부하는 책상자리는 아이의 입신운의 사주판이라 결혈처가 되어야 한다. 아이가 누워 자는 침대자리는 내 아이 몸의 사주판이라 반드시 결혈처로 유지하여야 한다.

내 아이 누워 자는 침대자리가 비혈이면 아이가 병들고 우환이 생기게 된다.

내 아이 책상자리가 비혈이면 내 아이 입신운이 끊어져 학교나 독서실에 가서도 비혈의 자리에서 앉게 되고 음기 영향으로 실패한 조상의 성격이 발동되고 훌륭한 조상의 기질이 억제되어 날이 갈수록 성격이 삐뚤어지고 성적이 떨어져 실패한 인생을 살게 한다.

② 자식이 유학 등 객지에서 생활하거나 시집 장가 가서 따로 사는 경우도 자식운의 근원처는 부모인 내 집에 근거하고 부모의 영과 교감에 의하여 영향을 미치는 바 사랑하는 자식을 우환삼재를 겪지 않고 건강하고 훌륭하게 성공시키기 위해서는 반드시 성심과 성의를 다하여 자신의 집을 결혈처로 유지하여야 함을 명심해야 한다!

※ 주의

필자의 상기의 주장은 미신이나 개인의 주장이라 판단하여 소홀히 하지 않기를 재삼 강조하는 바이다.

현재까지 사례를 보면 교통사고나 물놀이 사고나 비운을 당하는 경우의 당사자 본인들 집을 조사하면 단 한 명도 예외 없이 심한 비혈처의 집에서 잠자고 생활하는 경우이고 그 살아계신 부모 집이나 돌아가신 부모 유택이 심한 비혈처에 있는 경우이다.

반대로 역대 대통령, UN사무총장, 대재를 이룬 큰 부자, 고시에 합격하고 명문대학에 입학하여 각자 자기 분야에서 우환 없이 크게 성공한 사람은 예외 없이 본인이 잠자고 생활하는 집이 양기가 가득한 결혈처의 자리이고 따로 떨어져 있는 부모 집과 유택자리가 음기가 없고 양기가 가득한 결혈처의 자리에 있었다.

이 원리는 수천수만 년 동안 전 세계 그 누구도 밝히지 못한 천지대우주 자연의 원리이고 태극팔괘를 비롯하여 후천팔괘를 포함한 모든 괘의 완전한 해설임을 명심하기 바란다.

제1장 동양철학의 올바른 이해

동양철학은 미완성 학문이다

동양철학의 근원은 복희씨선천팔괘(伏羲氏先天八卦)이다. 복희씨선천팔괘는 현재의 세인들이 신물로 여기고 있으며 따라서 복희씨 역시 신으로 추앙하고 있다.

이 선천팔괘 원리에서 음양오행(陰陽五行)이나 사상팔괘(四象八卦) 원리가 생겨났으며 이 괘의 원리는 순행이다. 하지만 이후 세상은 인간의 탐심으로 인해 역행의 시대로 혼탁해진다.

애초 선천팔괘 시대에는 인간의 마음 속에는 욕심과 탐심이 없었다. 오히려 자연의 원리와 법칙에 순응하고 살았으며 음모와 배반, 질투와 가난, 질병과 고통이 없는 시대였다. 누구나 자연의 원리에 순응하면서 고통 없이 명대로 일생을 살 수 있었다.

이후 인간의 마음에 탐심이 생겨나기 시작했고 재물을 축적하고 남보다 높은 지위를 누리려는 권위의식이 발동하면서 빈부와 계급이 생겼다. 이로 인해 음모와 질병, 고통이 만연했다.

이에 백성을 통치하기 위한 규범으로 시대에 맞도록 주문왕과 은탕왕, 하우왕이 복희씨의 순행하는 선천팔괘를 변형시켜 역행하는 원리인 후천팔괘를 출현시켰다.

이 괘가 세상에 출현한 지 수천 년이 지났다. 현재 인간은 과학을 극도로 발달시켰으며 우주선을 완성해 무한궤도인 달과 별에까지 왕복시키게 되었다.

하지만 그 어떤 위대한 성현도 인간의 생로병사(生老病死), 길흉화복(吉凶禍福)의 메커니즘 원리를 완전히 밝히지는 못하였다. 그 원인은 바로 기존 동양철학의 근원인 팔괘원리(八卦原理)에 치중한 까닭이다. 이 팔괘의 원리는 선천(先天)과 후천

(後天) 모두가 미완성 학문이다.

　일례로 빌딩을 건축하기 위해서는 우선 설계도가 있어야 하고 이 설계도에 의한 명확한 시방서가 완성이 돼야 건물이 만들어진다.

　하지만 선천과 후천을 포함한 팔괘는 모두 설계도만 완성되고 시방서는 완성되지 못했다. 선천팔괘를 출현시킨 복희씨는 절대적인 신이 아니고 한때는 농사를 지었던 우리와 똑같은 사람이었던 까닭이다.

　복희(伏羲)씨는 지혜가 있어 베로 그물을 짜서 고기를 잡고 팔괘(八卦)를 출현시키긴 했으나 이 팔괘의 원리가 천지인 삼체 운명에 어떻게 작용이 되는지 일일이 재연성을 확인해서 시방서에 해당되는 해설집을 완성하지 못했다. 생애 기간이 짧아 미처 그것을 완성하지 못하고 돌아가신 것이다. 때문에 미완성 학문으로 남았다.

　현재 우리가 운명을 풀고 있는 주역이나 명리학, 성리학, 구성학 등 모든 학문도 역시 태극팔괘(太極八卦)와 주문왕(周文王) 은탕왕(殷湯王)의 후천팔괘(後天八卦) 원리를 응용하고 있다.

　그렇지만 후천팔괘 역시 단 3%도 맞지 않는 미완성 학문이다. 주문왕 역시 생애 기간이 짧아 일일이 후천팔괘 원리가 인간 운명에 어떻게 적용되는지를 확인해서 완성하지 못하고 돌아가셨기 때문이다.

　결국 주역팔괘를 우리와 똑같은 사람인 주문왕이 복희씨 선천팔괘를 당시의 시류에 맞도록 변형시켜 역행의 원리로 출현시키기는 했지만 이는 설계도일 뿐이다. 이 때문에 주문왕의 후천팔괘 해설집이 세상에 존재하지 않는 것이다.

　물론 이를 후학인 공자가 재해석했다. 그러나 이 또한 설계도와 시방서가 맞지 않는 꾸며진 해설이다. 이 때문에 현재 동양철학의 그 어떤 원리로도 인간의 운명을 단 하루도 정확하게 풀 수 없는 엉터리 학문이라고 할 수 있다.

　주역의 모순점 한 가지를 예를 들어보자. 우리가 주역(周易)으로 사주(四柱)를 풀 때 가장 중요한 시각인 생년월일시(生年月日時) 사주(四柱)를 보면 철학의 시간은 일각이 15분이요, 하루를 12시로 나누며 한 시간이 현재 시간으로 2시간이다.

그런데 같은 년, 같은 달, 같은 날, 같은 시간이 사주라면 전 세계인으로 볼 때 2시간 안에 태어난 사람은 수십만 명이 될 것이고 이 수십만 명이 같은 사주라고 할 수 있다.

그러면 전 세계 같은 사주에 있는 수십만 명의 운명이 같아야 한다. 그러나 단 한 명도 운명이 같은 사람은 없으며 5분 간격으로 태어난 일란성 쌍둥이조차 그 운명이 상이하게 다른 것이 현실이다.

주변에서 보면 안타까운 점이 한두 가지가 아니다. 대표적인 것이 자신의 하루 운명도 정확하게 풀지 못하는 사람들이 주역과 명리학 등 역학을 들이대며 남의 귀하고 귀한 운명을 함부로 점쳐주는 것을 볼 때이다.

이들은 해설이 완성되지 못해 설계도만 있고 미완성인 학문을 절대 진리인 양 착각하고 학문으로 공부했다고 자신하고 있다.

필자는 자신의 마음이 완벽하게 만족하지 못하는 미완성의 이론으로 남의 운명을 봐준다는 것은 업이요, 죄를 짓는 일이라고 지적하고 싶다. 따라서 명확하게 이치에 맞도록 동양철학이 미완성의 학문임을 입증시키고자 하는 게 필자의 견해다.

동양철학의 시초는 팔괘이다

우리가 살고 있는 세상의 철학적 원리를 살펴볼 필요가 있다. 인간의 출생은 부정모혈 즉 정자와 난자와의 수정 상태인 '포', 탯줄 태반의 형성 과정인 '태', 280일 동안 태음 세계인 '양'의 과정을 거쳐 이목구비와 수족지절과 오장육부가 완성되면서 출생한다.

시간 관계는 1년은 360일(현재 365일의 1/4)이고 춘(春), 하(夏), 추(秋), 동(冬) 등 4계절 사시로 나누어진다. 이 중 180일은 선천이요 봄과 여름이며 이 봄과 여름은 생장과정이라고 할 수 있다.

또 180일은 후천으로 가을과 겨울이다. 이 가을과 겨울은 성장 과정이고 이 기간들은 다시 각각 90일로 나뉘어 춘·하·추·동으로 구분한다.

이와 같은 시간적 원리는 1개월의 회·삭·현·망과 일일의 자·오·묘·유로 세분화된다. 시를 볼 때는 1각이 15분, 1시각으로는 2시간에 해당한다.

소강절의 산법에 의하면 우리가 사용하는 년·월·일·시 외에도 원·회·운·세라고 했다. 여기서 말하는 일세는 30년이다. 또 일운이 360년이고, 일회는 1만800년이다. 일원은 12만9,600년에 해당한다.

우리가 살고 있는 지구는 1일 10만리의 자전을 하며 주천궤도를 1일 540만리의 속도로 달리고 있다. 하지만 우리는 그 소리와 울림을 느껴 알거나 깨닫지(感得) 못한다.

이 시점에서 괘의 원리를 살펴볼 필요가 있다. 괘의 원리를 보면 현재 1괘도가 복희씨 선천팔괘이다.

이 괘는 팔수괘(八數卦)로서 양의(陽儀)와 음의(陰儀), 양의(兩儀)로 되어 있는 태극(太極)이다. 이를 크게 나눠 건(乾) 분야의 태(兌)・리(離)・진(震)과 곤(坤) 분야의 간(艮)・감(坎)・손(巽)의 양의(兩儀)를 이뤄 불주불난의 태극을 표시하고 있다.

주역은 그 괘도이며 구궁괘로써 1감(坎), 3진(震), 7태(兌), 9리(離)는 사정면에 나오고 2곤(坤), 4손(巽), 6건(乾), 8간(艮)은 사유우에 물러서서 각기 사상(四象)을 표시하므로 네 발로 자라남을 상징한다.

만물이 자라남에는 생극 폐역 하여 수에 있어 19, 28, 37, 46과 같이 음양이 부조화하고 괘에 있어 괘도의 중추를 이루는 감, 리 외에 곤(모)은 간(소남)과 진(장남)은 태(소녀)와 손(장녀)은 건(부)과 서로 상대하게 되어 '설괘전'에서 표시하는 것처럼 「수왕자순, 지래자역, 역순수야」라 하여 패역의 상을 면치 못할 역행의 괘인 것이다.

문왕이 이 후천괘도를 긋고 이에 의해 64괘의 괘서를 정하고 각 괘의 사를 지은 것이 통설이다. 또한 오늘날까지 전해 활용하는 주역의 괘사이다. 하지만 이 주역은 역행하는 미완성 학문이다.

필자가 연구한 바에 의하면 우리 인간에게 사주판은 각자 자신이 살고 있는 집과 사업장, 경작지, 조상의 유택 터 등이다. 이곳들이 바로 운의 기운과 필연적으로 함께 하는 사주판이다. 주역이 아니라는 이야기이다.

예컨대 누구든지 자신의 현재와 미래를 100% 정확하게 알아보기 위해서는 필자가 개발한 원리와 비법을 활용해야 한다. 자신이 살고 있는 집과 사업장, 조상 유택을 살펴보면 한 치의 오차도 없이 정확하게 본인의 운명을 알 수 있게 된다.

실제 누구든지 자신과 가족이 현재 살고 있는 그 집터가 바로 가족 전체의 사주판이다. 세를 사는 집이든 내 집이든 현관 입구 출입문은 가장(家長)의 현재 운이다.

또한 안방 입구 출입문은 안주인의 운이며, 각자가 거취하는 그 출입구 문은 각자 자신의 현재 운이고, 자신이 누워 자는 그 자리가 바로 그 사람 몸의 사주판이다. 그리고 그 근원은 부모의 주택 및 유택(산소)인 것임을 독자들은 명심해야 한다.

사람이 일생을 살아가는 데 있어 운명을 좌우하고 그 귀한 운명을 결정짓게 하는 것이 있다. 바로 자신의 운과 함께 하는 공간, 즉 '터'이다.

태음세계인 어머니 복 중 열 달 동안이 자신의 선천 100년이다. 아울러 입신운과 관운의 결정은 자신이 생활하고 잠을 잔 방의 결혈과 비혈에 따라 결정된다. 이 방은 신체발육에 결정적인 영향을 미치고 유아기는 물론 소년기, 청·장년기 생활을 영위하는 곳이다.

이후 독립해서 가정을 꾸리는 집의 결혈과 비혈에 따라 인간은 누구든지 자신의 명운, 재운, 관운, 자식의 입신을 포함한 운명이 결정된다. 그리고 그 터의 혈과 비혈의 근원은 바로 돌아가신 조상 유택이다.

다시 설명하면 인간의 운명은 자신의 운과 거취하는 집의 결혈, 비혈이 필연적으로 함께 하는 것이다. 그 터의 혈이나 비혈은 고정이 아니라 자신의 운과 함께 이동한다. 또한 그 작용은 이웃 사람의 운과 연결되어 있다.

일례로 어떤 사람이 같은 집에 11년을 살았는데 6년간은 가족 전부가 건강하고 우환 없이 성공했지만 7년부터 5년간 우환이 생기고 병이 오고 실패했다고 치자.

원인은 바로 터에 있다. 그 이웃에 5년 전에 본인보다 운이 좋은 대법관이 이사 오는 그날부터 본인 집에 들어왔던 혈이 새로 이사 온 이웃의 대법관 집으로 이동했기 때문이다.

이 때문에 집은 비혈(음기)로 바뀌고, 혈이 옮겨간 운이 좋은 대법관의 집이 결혈(양기)로 바뀐 것이다. 이처럼 터의 혈은 고정이 아니라 사람 운과 함께 이동하여 비혈에서 사는 운이 나쁜 사람은 결혈에 사는 운이 좋은 사람에게 기운을 빼앗기게 되어 폐망하는 것임을 명심하기 바란다.

▬▬ 풍수지리는 알맹이가 빠진 미완성 학문이다

풍수지리 학문의 목적은 눈에 보이지 않는 기운이 응집되어 모여 있는 결혈처(양기)와 나쁜 기운이 모여 있는 비혈(음기)을 구분, 명당인 결혈처(양기)를 찾아 조상의 유택이나 생자의 양택 터를 정해 이용하는 것이다.

이 원리는 백이 편치 않아 폐망하는 비혈 음기의 터를 배제하고 백이 편안해 우환 없이 성공하는 명당터를 찾는 데 역점을 둔다.

풍수지리 학문은 고대로부터 눈에 보이지는 않지만 양기의 결혈처가 이동하는 혈맥과 결혈을 찾기 위해 관산학을 활용했다.

여기에다 보완책으로 방향을 찾기 위해 좌향을 잡는데 활용하는 방향기인 침반의 원리인 침반학도 병행했다. 이 관산학과 침반학 두 가지 학문을 일컬어 풍수지리 학문이라고 정의할 수 있다.

그러나 이 풍수지리 학문은 겉만 있고 속이 없는 껍데기 학문이라고 할 수 있다.

풍수지리에서 가장 중요한 것은 그 목적이 눈에 보이지 않는 신인, 기 즉 혈(양기)이 이동하는 혈맥과 혈(양기)이 맺힌 결혈처를 찾는 방법이다.

그런데 풍수지리 학문에는 혈맥과 결혈처를 정확하게 어떤 크기와 어떤 형태로 어디로 이동하고 있고 어느 곳에 맺혀 있는지 구체적으로 언급한 부분이 없다.

예컨대 이 학문으로는 관산학을 통해 짐작으로만 추정해 언급할 뿐, 정확하게 수학공식처럼 $1+1=2$와 같이 명확한 해답을 주지 못하고 있다.

침반학 역시 동서남북을 비롯한 12지의 좌에 대해 방향만 찾을 수 있지 혈맥과 결혈과는 별개요 무관하다. 따라서 이것이 어떻게 학문이라고 말할 수 있는지 의심스럽다. 10%도 맞지 않는 미완성의 학문이라는 증거이다.

겉으로만 보아 짐작하고 좌향을 잡는다고 한들 중요한 혈맥과 결혈처를 정확하게 찾는 방법이 없다면 그것을 학문이라 말을 할 수가 있겠는가?

실제로 수만 년 동안 지구 창조 이래 현세에까지 동·서양을 포함한 그 어떤 풍수지리 학문도 눈에 보이지 않는 혈맥과 결혈처가 정확하게 어디로 이동하고 있고 얼마만한 크기로 어디에 결혈이 되어 있는가에 관해 구체적으로 제시하지 못했다.

그 이유는 지금까지 그 어떤 성현이나 학자도 눈에 보이지 않는 혈맥과 결혈처를 완벽하게 찾지 못한 까닭이다. 이는 사람을 예로 들자면 그 몸이 실체이고 의복은 껍데기이다.

몸이 없이 의복만 입혀 놓은 것은 허수아비이지 사람이라고 말할 수 없는 것처럼 풍수지리 학문은 몸이 없이 겉만 있는 미완성의 학문일 뿐이다.

필자는 풍수지리 학문을 서책을 통해 연구한 끝에 이처럼 기존의 학문으로는 단 한 평의 결혈처도 찾을 수 없다는 결론을 내렸다.

때문에 필자는 수년 동안 전국 방방곡곡에 있는 음택과 양택을 확인하기 위해 100만 리(40만km)를 다닌 바 있다. 그 결과 직접 몸으로 느끼며 자연을 보는 눈과 영기가 발달되어 지혜가 열리게 되었다.

필자는 이제 눈에 보이지 않는 혈맥이 산이든 집이든 사업장이든 어느 곳이나 정확하게 어디로 누구 집의 어떤 방에 맺혀 있는지 1cm도 틀리지 않고 찾아낼 수 있다.

또한 그 결혈처를 세인들로 하여금 음택(陰宅), 양택(陽宅)으로 활용하게 하고 비혈 음기의 생명이 죽으며 폐망하는 터를 공지(空地), 맹지(盲地)에 맺힌 혈맥과 결혈을 이동시켜 생명이 살고 성공하게 하는 명당 진혈로 처방하는 그 중요한 원리를 완성했다.

이런 노력과 연구에 의해 풍수지리 학문이 명실공히 완성이 된 셈이다. 이 완성된 학문을 혼자서 독식하지 않고 전 세계 인류가 활용할 수 있도록 제자양성에 힘을 기울여 후학을 양성하고 있다.

누구든지 필자가 학문의 장으로 열어놓은 도장인 전국의 〈천기아카데미〉에 입문하면 쉽고 간단한 이치로 완성된 필자의 천기비법을 배울 수 있고 생활에 이용할 수 있으니, 세인들이나 독자들께서도 많이 활용하길 바란다.

> **Tip**
>
> 필자는 분명히 말할 수 있다. 혈맥이 어디로 가고 결혈이 어떤 크기로 어디에 맺혀 있는지 1cm도 틀리지 않고 정확하게 찾으며 또한 배산으로 맥이 끊어진 사맥을 다시 생맥으로 연결시킬 수도 있고 혈맥을 필자가 원하는 방향으로 이동시킬 수 있다.
>
> 결혈(양기)의 크기도 양명기석을 활용, 필자의 비법으로 처방을 해서 한 평짜리 소혈을 가지고 300명 임금 대재가 나는 진혈로 바꿀 수도 있다.
>
> 비혈(음기)이 심해 생명이 죽고 폐망하는 산이나 농업용지나 축사나 산소터, 사업장 역시 필자의 비법과 양명기석으로 혈맥과 결혈을 이동시키고 처방해 생명이 살고 성공하는 명당 진혈로 바꿀 수 있다.
>
> 이 일을 수년 동안 수백 명의 조상의 음택과 양택인 주택, 사업장, 임야, 대지, 목장, 농장 등의 터를 처방해 환자의 건강을 되찾아주었고 우환의 근원도 해결했다. 수험생이나 공부하는 학생들 성적을 우수하게 개선시켜 주기도 했다.
>
> 또한 눈에 보이지 않는 기운인 혈·비혈을 과학적으로 입증 증명하기 위해 서울대 수의과학연구소를 비롯한 서울대 농대, 서울여대, 경희의대, 동의대 등 각 대학 관련학과와 임상실험을 진행 중에 있다.
>
> 정부관련 연구기관과도 연계하여 실험을 검증해서 전 세계 인류를 건강하고 우환 없이 행복한 삶을 살아가는 데 기여하기 위해 최선을 다할 계획이다.
>
> 분명히 말하지만 풍수리지학이나 역학, 성명학 등 미완성 학문을 자신이 활용하는 것은 죄가 되지는 않는다.
>
> 그러나 이를 남에게 적용시키는 것은 그 자신 마음이 완전하게 만족하지 못하면 하지 말아야 할 것이며, 그 행하는 자체로 남의 귀한 가문과 운명을 폐망시키게 하는 죄를 짓는 일임을 알아야 한다.

▰▰ 음양오행의 해석 '잘못됐다'

현대사회는 과학이 극도로 발달했다. 초정밀한 공식에 의해 설계해서 만든 우주선을 달과 별에 왕복시키고 있다. 그만큼 인간의 위대함을 입증하고 있는 셈이다.

그러나 한편으로는 이런 위대한 인간이 동양철학의 팔괘원리와 수리 하나 정확하게 해석하지 못하고 있다. 그런가 하면 인간의 생명을 치료하는 현대의학은 현재까지도 원시적인 방법으로 하루 열두 번도 더 변할 수 있는 맥박과 혈압을 기초검진의 데이터로 사용하고 있다.

그뿐만이 아니다. 인체 체질상 양·음을 올바로 알지 못하고 노자의 도덕경에 영향을 받은 재연성이 없는 이론에 근거한 처방이 난무하고 있다.

남자는 양, 여자는 음이라고 단정하고 사상적으로 체질을 분류해서 '사상체질이다' '사상의학이다' 하면서 양·한방에 접목하는 실수를 범하고 있다.

사실 인간 및 심장이 박동하는 동물의 양·음을 정확하게 정의하면 모든 동물은 심장이 생명이다. 특히 체온이 따뜻하게 유지되는 온열성 동물은 암·수 구분 없이 살아 있는 동안은 모두 양기이다. 양기성을 띠고 그 물체에서 전기를 발생시켜 양기를 발산한다.

따라서 우리 인간은 심장이 작동하는 동안은 살아있는 것이다. 심장이 작동하는 동안은 심장에서 생산된 피가 대동맥 미세혈관을 통해 온 몸 구석구석까지 순환(대사)한다.

인체 체온은 바로 피의 온도이다. 이 피가 순환하는 동안은 살아 있는 몸이고, 그 몸에서 전기를 발생시키며 따뜻하고 좋은 기운인 양기를 방출한다.

그러나 심장이 멎으면 피의 순환이 정지되고 피가 식는 순간에 육신이 차게 변하면서 음으로 돌아간다. 죽은 시신은 그 몸에서 양기가 나오지 않고 생명이 없는 무의미한 골육으로 돌아가 음기로 변하게 된다.

결국 인간을 비롯한 살아 있는 온열 동물과 생명체는 모두 그 몸에서 전기를 발생시키며 양기를 가지고 있다. 반면에 심장이 멎어 몸이 차게 식어 죽으면 음으로 바뀌게 된다.

정리하자면 인간을 포함한 모든 온열 동물은 살아 있을 때는 '양'이요, 죽어서 몸이 차지면 '음'으로 바뀌는 셈이다.

따라서 인간은 체질적으로 음·양이 존재하지 않으며, 남자든 여자든 살아있을 때는 양이요, 죽으면 음으로 돌아갈 뿐이다.

▬▬ 인간의 체질은 사상이 아닌 남·녀 한 쌍 한 체질이다

　필자는 간혹 TV를 보면서 실소를 금하지 못할 때가 있다. 사상의학에 대해 의학 또는 한의학을 공부한 선생님들이나 종교인, 교수들이 출연했을 때 더욱 그렇다.

　출연한 이들이 인간의 몸을 음과 양 또는 사상체질로 단정해 나누고, 태양인·태음인·소양인·소음인 등을 운운하며 시청자들이나 일반인에게 절대 진리인 양 어떤 음식을 먹어야 하며 어떻다고 하는 것을 볼 때는 긴 한숨이 쉬어지곤 한다.

　팔괘역서를 잘못 적용시켜 해석한 음양오행이나 사상은 우리 인간 몸의 설계도와는 부합하지 않는다는 이유에서이다. 허준의 동의보감도 이제마 선생의 사상의학도 과학적 재연성을 확인하지 않은 개인의 설에 불과하다는 게 필자의 생각이다.

　허준이나 이제마 선생도 신이 아니며 생존 당시 그 시절의 전 세계 의료인 중 한 사람에 불과했다. 따라서 동의나 사상의학이 자신이 연구한 바를 집대성한 개인의 연구이론에 불과하다고 할 수 있다.

　그런데 이를 과학적 검증 없이 한의에서 절대적인 진리인 양 그 이론을 포장, 진료나 한약 첩약시에 귀한 생명을 놓고 적용시키는 것이 심히 염려스럽다.

　매사를 검증을 하기 위해서는 과학적인 접근이 필요하다. 그 과학적 입증의 기초가 ±5% 오차를 허용하는 재연성 확인이다. 그 실체가 무엇인지 알 수는 없다고 하더라도 무해하며 재연성이 확실하다면 바로 그것이 과학인 것이다.

　재연성 확인을 거치지 않은 것은 그 어떤 위대한 현자의 이론도 진리일 수가 없다. 단지 자신의 생각과 설을 집대성한 통계학에 불과하다. 더욱이 남의 귀한 생명을 두고 접목시키거나 응용한다면 그 생명을 오히려 위태롭게 할 수도 있다.

무엇보다 개탄할 것은 남의 귀중한 생명을 다루는 한의에서 일부의 한의사들이 대학에서 몇 년 배운 학습을 절대 진리인 양 착각, 진료나 한약 보첩시 환자의 체질을 사상으로 분류하여 적용시키고 있다는 점이다.

필자가 볼 때 이는 한약을 고가로 팔기 위한 상업적 포장 수단으로 황제내경이나 이제마 선생의 사상의학 이론을 도입했다고 생각하지 않을 수가 없다.

우리 인간은 체질상 사상으로 나눌 수도 없고 그 이치 또한 맞지 않는다. 사상원리는 복희씨 역도인 팔괘 원리인 태극에서 양의와 함께 분생된 원리이다.

(1)건괘(乾卦)와 (2)태괘(兌卦)를 태양이라 하고, (3)리괘(離卦)와 (4)진괘(震卦)를 소음(小陰)이라 하고, (5)손괘(巽卦)와 (6)감괘(坎卦)를 소양(小陽)이라 하고, (7)간괘(艮卦)와 (8)곤괘(坤卦)를 태음(太陰)이라 한다.

이 팔괘 태극에서 태양과 소음을 양의라고 하고 소양과 태음을 음의라고 하고 있다. 이 원리가 태극(太極) 양의(兩儀) 사상(四象) 팔괘(八卦) 분생도(分生圖)이다.

그런데 어찌해서 무슨 이치와 근거로 인체 체질을 사상으로 구분해 적용시키는 우를 범하는지 의구심이 든다. 이는 위험천만한 발상이다. 황제내경이나 이제마 선생 개인의 연구이론일 뿐이지 절대 진리가 아니기 때문이다.

국내 한의에서는 무책임하게도 과학적 검증을 거치지 않고 무조건 도입해서 귀한 생명에 적용하는 우를 범하고 있다.

우리 인간의 몸을 살펴보면 몸의 모든 요소가 각기 자기 역할 기능을 가지고 있다. 우주선보다 수백만 배 더 초정밀하게 만들어져 있다.

실제 오장육부를 비롯하여 몸의 모든 요소들이 심장의 기능에 맞추어 일사불란하고도 초정밀하게 각자의 기능을 유지하고 있다. 심지어 귀나 코 속에 있는 미세한 털 하나까지도 유·해충 방지 등의 자기 기능과 역할을 하고 있기도 하다.

이처럼 신비한 소우주인 인간의 몸도 신물인 팔괘처럼 정확한 설계도에 의해 만들어졌을 것이다. 우리가 일상에서 사용하는 소품 하나도 설계도가 없이는 제조할 수 없듯이 인간을 만든 창조주도 이 설계의 단계를 거쳤을 거라는 것이 필자의 생각이다.

분명하다고 생각되는 것은 이 설계가 사람을 만들기 위해 남녀 자웅 한 쌍을 설계한 것이라는 점이다. 태양이니 태음이니, 오대양육대주 민족마다 각양각색으로 설계를 할 수도 없을 뿐더러 하지도 않았을 것이라는 이야기이다.

구체적으로 설명하면 필자의 이 주장이 이치에 부합할 것으로 보고 있다. 인간은 동물 중 한 부류이다.

우리는 전 세계적으로 소나 개·닭 등 그 어떤 동물에 견줘 과학계나 의학계 등 관련 학계에서 동물을 사상이니 음·양이니 구분하는 일은 없다. 따라서 이는 있을 수 없는, 터무니없는 논리가 아닐 수 없다.

어디 우리가 소나 돼지한테 체질이 수컷은 양이요 암컷은 음이라 하며 태양소, 태음소, 소양소, 소음소로 구분해 체질을 분류하는가.

미완성인 동양철학은 전혀 이치에 맞지 않는 해석이다. 해당관련 분야의 전문가들이 한의학을 고급화시키기 위한 고도의 상술이자 포장으로밖에 생각하지 않을 수 없다.

독자들은 재연성이 확인되지 않은 미완성의 학문에 현혹되지 않았으면 하는 바람이다. 이 시간 이후부터 이치에 맞지 않는 이론인 '남자는 양이요 여자는 음이다' 나 '인체 체질이 사상으로 구분된다' 고 착각하지 않았으면 한다.

특히 한약을 지을 때나 음식을 먹을 때 남에게 자랑삼아 말하며 착각하지 않았으면 하고 조언한다. 또한 음양오행이나 사상의학은 우리 인체에 검증 없이 적용시키는 것이 잘못된 것임을 밝히는 바이다.

분명히 알아야 할 것은 전 세계 인류는 체질이 하나라는 점이다.

따라서 수족이 차고 열이 많고 혈색에 상열이 있거나 창백한 사람은 체질이 달라서가 아니라 미세혈관이 막혀 있거나 뇌혈관 대동맥이 경화되어 병들어 있는 것이 원인이지 체질 때문이 아닌 점을 명심하고 병원에서 의사의 도움을 받아 치료를 받는 것이 건강을 지키는 길임을 명심하라.

한의원이나 양의에서 의사·한의사들이 병을 환자들에게 올바로 알려주지 않고 체질 때문에 수족이 냉하거나 뜨겁고, 혈색이 어떻다 하는 것은 환자들에게 치료

할 수 있는 시기를 놓치게 하는 것이고 병을 키우는 잘못을 범하는 중대 실수에 빠질 수도 있다.

따라서 인류건강을 위하여 양·한방의 의료계에서도 인체 체질에 관한 원리에 대하여 새로운 연구가 진행되어야 한다고 필자는 생각하는 바이다.

인간 운명의 비밀열쇠는 '효(孝)'

　효도 효자(孝)는 동이족인 창힐씨가 완성한 문자 중에서 가장 근원인 문자이자 모체이다. 우리 인간 운명의 모든 비밀열쇠가 바로 이 효자에 있다. 효자는 동양철학의 일리삼원 중의 글자이며 이 글자 안에 삼극진리가 내포되어 있다.
　효자를 살펴보면 세 글자로 구성되어 있다. 그중 흙토(土)는 지극(地極)으로 땅이고 어머니이다. 삐칠별(丿)은 천극(天極)으로 하늘이며 아버지이다. 그리고 아들 자(子)는 인극(人極)으로 인간의 세계이며 자식의 도리인 것이다.
　이처럼 효(孝)자는 천지인 삼극진리(三極眞理)와 부모와 자식간 인간 운명의 근원이 내포되어 있는 문자 중의 문자이자 위대한 글자라고 할 수 있다.
　이 효(孝)자의 비밀을 천지대우주 자연의 이치로 풀기만 한다면 인간 운명의 생로병사와 길흉화복의 정확한 원리를 밝힐 수 있다.
　누구든지 귀한 자신의 운명과 사랑하는 자식을 우환삼재 없고 병 없이 장수하며, 실패 없이 성공하여 행복을 누리기를 원한다면 효도하라.
　살아계신 부모를 진혈의 집에서 모시고 지극정성을 다하여 효도하고, 돌아가신 부모 유택을 백이 편히 안주할 수 있도록 진혈의 자리에 좌정하여 정성으로 제사하며 모시는 길이 자신과 자식이 행복을 누리는 길임을 명심하고 효를 다해야 가문이 대대로 빛나게 유지된다는 사실을 잊지 말기 바란다.
　필자는 이번 '천기비법(天氣秘法)'에서 지혜로 얻은 효(孝)와 인간 운명 적용 원리를 명확하게 밝힐 계획이다

제2장 인간의 생노병사 원리에 관한 해석

자신의 성공과 실패의 시초는 자신의 눈이다

내 눈과 귀와 말은 내 성공과 실패의 시초이다.

인간의 생노병사 길흉화복의 운명 메커니즘을 풀기 위해서는 먼저 내 몸이 어디서 왔고 어떻게 만들어졌으며 실체가 무엇인가를 먼저 알아두는 것이 필요하다.

사람에게 있어 가장 중요한 것이 '눈'이다. 사람은 모든 자연과 사물과 세상을 보는 눈이 먼저 바르게 열려져야 '귀' 또한 바르게 열린다. 눈이 바르지 못하면 사람과 물체와 자연을 올바로 판단할 수가 없다. 상호작용을 하는 귀 역시 같이 닫히게 된다.

따라서 인간은 보고 듣는 대로 생각하게 되는 것이고 인간의 지각과 판단력은 우선 먼저 올바로 보고 듣는 것에 기인한다. 보지 못하고 듣지를 못하는 사람은 지각이 없는 사람이며 올바른 판단을 내릴 수가 없다.

그래서 우리 인간은 가장 먼저 그 눈이 올바르게 열려 있어야 한다. 그에 따라 세상의 자연과 사람, 사물을 바로 보게 되며 귀 또한 바로 듣게 되어 판단하는 지각이 바르게 열린다.

예를 들어 사기꾼이 있다고 치자. 재운이 든 사람과 재운이 나가는 때 있는 사람은 사기꾼을 보면서 서로 다르게 보고 다르게 듣는다.

예컨대 재운이 든 사람의 경우 사기꾼을 볼 때 그의 외모가 어떻든 간에 본인에게 해가 되고 이롭지 못한 사람이라는 것을 가장 먼저 눈으로 본다.

이에 따라 사기꾼이 아무리 좋은 말로 현혹한다고 하더라도 불편하게 들리게 되며 그 보고 듣고 느낀 그대로 판단, 본인에게 해가 되는 사람이라는 것을 알고 스스로 경계해서 손해를 보지 않는다.

반대로 재운이 나가는 때에 있는 사람의 경우 그 눈으로 사기꾼이 예쁘게 보이고 유혹하는 목소리가 달콤하게 들린다. 이를 근거로 그 사람이 이로울 것이라고 판단해 스스로 그 사람을 선택해 피해를 당한다.

사람은 누구든지 생각하는 대로 말이 나오게 되어 있다. 하지만 대수롭지 않게 생각해 내뱉는 말 한 마디가 사람을 죽일 수도 있고 살릴 수도 있다. 귀한 자신의 운명을 폐망시킬 수도 있고 행복의 기회를 맞이할 수도 있는 셈이다.

따라서 각자 자기 분야에서 가장 성공한 사람은 매사에 때와 장소에 따라 하는 말이 자신에게 해가 되지 않게 이로운 말만 해서 성공하게 된다.

반면 운이 없어 실패한 사람은 본인을 도와줄 은인에게는 불편한 말을 하고, 해로운 사람에게는 스스로 그 사람이 선하게 보이며 들리는 말 또한 달콤하게 듣고 사기꾼을 스스로 불러들여 사기를 당한다.

사실 우리 주위에 사람을 잘못 만나 사기당하고 실패했다고 이야기하는 사람을 보면 어리석고 가련하기 짝이 없다. 그 사람을 만난 인연이 스스로 판단해서 만난 것이지, 타인의 영향이 아닌 탓이다.

누구든지 그 사람 입에서 나오는 말은 본인이 생각하는 대로 나오게 되는 것이다. 그러므로 절대 어떤 경우라도 말 한 마디라도 함부로 해서는 안 된다.

자신이 하는 말은 곧 자신의 인격이자 지각의 표현이라는 것을 명심하고 매사 신중하게 보고 들으며 판단하고 말을 할 때는 가려서 한다면 성공은 자연스럽게 따라온다.

내 몸은 부모 조상 몸이다

　그러면 내 몸은 어떻게 만들어졌으며 실체가 무엇일까. 우리 인간은 동물 중 한 부류이다. 누구나 포·태·양·생(胞·胎·養·生)의 과정을 거쳐 출생한다.
　아버지의 정자와 어머니 난자의 수정에 의해 생명이 시작된다. 이 과정이 동양철학으로 '포'의 과정이다.
　정자와 난자가 수정이 되면 한 생명이 시작되고 그 생명이 영양을 공급받아 길러지기 위해 모체에 탯줄과 태반이 형성된다. 이것이 철학으로 '태'의 과정에 해당한다. 그 기간은 약 16일을 잡고 있다.
　모체에 탯줄 태반이 형성되면 그 탯줄 태반으로 모체의 영양을 공급받아 태의 기간을 제외한 나머지 열 달 동안 모체에서 길러지게 된다. 이것이 철학에서는 '양'의 과정이다. 이 '양'의 과정을 거쳐 우리 인간의 생명이 탄생되며 철학으로 포·태·양·생이라고 한다.
　누구나 인간은 이런 과정을 거쳐 어머니 자궁을 통해 탄생한다. 그런데 사람들은 탄생하는 순간에 그 몸이 자신의 몸이라고 생각한다. 그렇지만 그것은 본인 몸이 아니라 부모를 비롯한 친가·외가 조상의 몸이다.
　유전학을 비롯한 과학적 이치로 보면 누구나 태어날 때 그 몸은 부모를 비롯한 친가·외가 윗대 조상들 몸의 유전인자를 100% DNA로 물려받아 신체가 만들어진다. 이때 타성이나 외부의 유전인자는 단 1%도 없다.
　이런 이치로 볼 때 누구든지 자신의 몸이 부모와 조상이 아닌 다른 외부의 어떤 기운과 영향으로 생산됐을 것이라는 오해와 착각을 하지 않기를 당부한다.
　결국 사람은 그 부모를 비롯한 친가·외가 조상의 DNA를 물려받아 태어난다.

이때 병적 유전인자(암, 풍, 당뇨, 고혈압 기타 등)도 물려받는다. 반대로 부모와 조상들의 신체적으로 건강한 유전인자 역시 DNA로 물려받는다.

이를 볼 때 누구든지 병든 사람은 그 근본 원인이 부모와 조상으로부터 병적 유전인자를 유전적으로 물려받은 것이라고 할 수 있다. 건강하게 장수하는 사람도 부모와 조상으로부터 건강한 신체 세포 유전인자를 물려받아 태어난다.

사실 지금까지 질병과 장수의 근본 원인에 대해 의학계를 비롯한 과학자들이나 일반인들은 좋은 물이나 공기, 음식물, 환경 등이 중요한 원인일 것이라 생각했다.

하지만 필사가 조사 연구한 바에 의하면 물이나 공기, 음식물 섭취, 스트레스 등이 질병과 건강에 미치는 영향은 10% 미만이다.

이보다는 부모와 친가·외가 조상의 유전인자에 기인하고 살아가면서 본인이 생활하는 집의 누워 자는 잠자리에 존재하는 혈(양기), 비혈(음기)의 눈에 보이지 않는 기운이 90% 이상 절대적으로 영향을 미치는 것이 근본 원인이다.

필자는 이 같은 원리가 사람뿐만 아니라 현재까지 실험 연구한 결과 동물과 식물에게도 똑같이 적용되는 것을 발견했다.

또한 현재 유수의 각 대학과 임상계약을 체결해 저명한 교수들을 비롯한 여러 연구진들과 재연성을 확인 중에 있다. 따라서 오래지 않아 논문을 통해 입증이 가능하다고 본다.

결론적으로 우리 인간은 누구든지 그 몸이 자신의 몸이 아니라 부모와 친가·외가 조상 몸이라고 정의할 수 있다. 질병과 장수의 그 근본원인이 유전인자에 의한 혈(양기), 비혈(음기)과의 상호작용에 의해 절대적으로 영향을 미친다.

따라서 결혈(양기)의 장소에 집을 짓고 잠을 자고 생활하면 부모와 조상으로부터 물려받은 신체 유전인자 중에서 혈에 있는 양기가 병적 유전인자를 억제시키게 된다.

그리고 부모와 조상으로부터 물려받은 건강한 신체 세포 증폭을 활성화시켜 병들지 않고 건강하게 장수하게 된다.

반면 누구든지 비혈(음기)의 자리에서 잠자고 생활하면 비혈의 음기가 조상에게 유전적으로 물려받은 DNA 중에서 건강한 신체 세포 증폭을 억제시킨다. 이에 따라 병적 유전인자를 활성화시켜 불구, 정신이상, 암, 풍, 고혈압, 불임, 당뇨 등 질병에 걸린다.

필자는 이에 대한 재연성 확인을 하기 위해 전국 100만 리(40만km)를 다니며 확인조사를 하였으며 이와 함께 임상실험을 하고 있다.

이 과정에서 눈에 보이지 않는 결혈(양기)요법으로 병원이나 한의원에서 치료가 불가능한 많은 환자들을 그 사는 집과 잠자리에 양기의 혈을 처방하여 도움을 주고 양·한방의 의사, 한의사에게 치료를 병행시켜 건강을 되찾아주고 있다.

현재도 쉬지 않고 그 일을 하고 있으며 혼자서는 너무 힘에 부쳐 전국에 중요한 일을 함께 할 제자들을 양성시키고 있다.

자식을 성공시키는 비결

공부 잘하고 시험에 1등 하는 비결

아이는 태어날 때 건강하고 지혜 있게 태어나야 한다. 여자가 손발과 자궁이 냉하면 나팔관에 이상이 생겨 불임의 원인이 되고 건강한 아이를 순산할 수 없으며 병약하거나 장애를 가진 아이를 낳을 수 있다.

필자는 불임 여성이나 장애 아이를 낳은 산모가 임신 기간 중 잠자고 생활하던 집의 방을 수년간 연구 조사한 적이 있다.

이에 따르면 산모가 몸이 병약하고 태아가 발육이 부실하여 병원에서 진단을 받고 치료하고 있는 환자는 예외 없이 본인 집의 잠자리가 심한 비혈처인 것으로 확인됐다.

음기가 심한 비혈처의 자리에서 잠자고 생활하면 산모가 몸이 냉해지고 얼굴에 혈색이 창백해지며 마음이 편하지 않아 우울증 등에 시달릴 수 있다.

산모의 상태가 이렇게 좋지 않으면 당연히 태아 역시 발육이 원활하지 않게 되어 태어날 때부터 장애를 가지거나 심신이 병약하게 태어난다.

아이를 임신하게 되면 모든 산모의 가장 큰 소망은 건강한 아이를 출산하는 것이다. 혹시라도 병약한 아이가 태어나거나 장애가 발견되면 부모들은 평생 마음의 짐을 안고 크나큰 슬픔과 고통을 감당해야 한다.

필자는 임신 중 7개월 차에 병원에서 초음파 진단 결과 태아가 언청이로 확인된 산모의 집을 진혈처로 처방한 일이 있다.

처방 후 이 산모는 병원의 정기검진과 치료를 병행한 결과 마음이 편해지고 얼굴 혈색이 정상으로 돌아와 손발을 비롯해 온 몸이 정상 체온으로 변해 언청이었던 태아가 아무 이상 없이 예쁘고 건강하게 태어나도록 도움을 준 적이 있다.

불임 여성이나 임신 중 몸이 약해 고생하는 산모의 집을 진혈처로 처방시켜 모두들 건강한 아이를 출생하도록 도움을 준 경험도 있다.

여자는 신혼 초부터 아이를 갖기 전에 반드시 누워 자는 잠자리를 결혈처로 유지하여 수족과 자궁을 따뜻하고 건강하게 바꾼 다음 임신을 해야 한다. 그 다음 결혈처에서 아이를 낳으면 건강하고 지혜로운 2세를 얻을 수 있다.

아이는 유아 때부터 결혈처의 자리에서 반드시 양육해야 한다.

아이가 결혈처에서 잠자고 성장하면 부모 조상으로부터 물려받은 신체 유전인자 중 건강한 세포 증폭이 결혈처에 형성되어진 생명체를 활성화시키는 인체와 같은 양기 기운의 영향을 받게 된다.

유전적 질병 유전인자가 억제되어 병에 걸리지 않고 건강하게 정상적으로 신체 발육이 되며 태어날 때 물려받은 유전적 성격, 성향 중에서 실패한 조상의 우울하고 거칠고 난폭하고 비굴하며 좋지 못한 기질이 억제되고 훌륭한 조상의 유전적 성격 기질이 발동하여, 밝고 바르며 지혜와 용기와 올바른 판단력이 형성되어 탁월한 아이가 태어난다.

이 세상에서 자식을 병들고 실패한 자식으로 키우고 싶은 부모는 그 어디에도 없다. 소중한 내 아이를 건강하고 훌륭하게 성공시키기 위해서는 무엇보다 아이가 잠자고 생활하는 방을 진혈처로 유지시키도록 노력해야 한다.

아이가 지속적으로 진혈처에서 자라고 공부하면 시험에 1등하고 명문대학에 합격해 본인이 희망하는 직장, 직업에 실패 없이 성공할 수 있다.

필자는 서울대를 비롯한 명문대에 합격한 아이들 100명을 대상으로 이들이 잠자고 공부했던 집을 직접 조사한 적이 있다.

조사 결과 명문대학에 좋은 성적으로 합격한 아이들이 잠자고 공부한 방은 한결같이 진혈처의 자리였다. 반면 대학에 떨어져 재수하고 성적이 좋지 못하거나 나쁜 친구들과 어울리는 학생들은 예외 없이 비혈처의 자리에서 생활하는 것을 확인했다.

  필자는 수년간 성격이 원만하지 못하고 건강이 좋지 않으며, 노력하는 만큼 성적을 올리지 못하는 학생들에게 부모의 요청을 받아 혈을 이동시켜 진혈처로 바꾸어 준 일이 있다.

  그 결과 이들은 성격이 활발하고 올바르게 바뀌었으며 몸이 건강해져 성적이 날로 향상되고 운이 발복되어서 좋은 대학에 합격하고 원하는 직장에 취업할 수 있었다.

  소중한 아이들은 우리나라의 미래를 책임질 주인공이자 기둥이다. 부모는 반드시 내 자식을 건강하고 훌륭하게 양육시킬 의무가 있다.

  많은 돈을 투자하여 건강식품을 비롯한 몸에 좋은 보약을 먹이고 고액의 과외를 시키지 않고도 내 자식을 성공시키기 위해서는 부모가 살고 있는 집을 진혈처로 바꾸면 된다.

  진혈의 자리에 아이를 잠자고 생활하게 하면 부모와 조상의 건강한 신체 유전인자와 조상의 훌륭한 성격과 기질과 지혜가 발동되어 훌륭한 인재로 자랄 수 있다.

  필자의 천기비법으로 본인의 집에 결혈을 유지하기 위해 도움받기를 원하는 사람은 필자가 전국의 제자들에게 비법을 전수하여 양성 중에 있으니 전국의 천기비법 교육을 이수한 제자들의 도움을 받아 소중한 내 자식을 훌륭하게 키우기를 희망한다.

성공과 실패의 비결1

사람의 성공과 실패의 근본 원인을 밝히고자 한다.

결론부터 말하자면 누구든지 성공과 실패의 근본 원인이 몸과 마찬가지로 자신의 부모와 조상에게 기인한다.

♠ 성공의 조건
1. 눈·귀 – 사람과 사물과 세상을 보는 눈과 귀가 바르게 열려있는 사람이 성공한다.
2. 성격 – 성격이 밝고 바르며 용기가 있고 지혜로운 자신의 성정을 시와 때와 장소에 따라 구분해 조절할 줄 아는 사람이 성공한다.
3. 지각·판단력 – 매사 시와 때와 장소에 따라 지각과 판단력이 바르고 분명한 사람이 성공한다.

♠ 실패의 조건
1. 눈·귀 – 사람, 사물을 보고 듣는 눈, 귀가 닫힌 사람은 실패한다.
2. 성격 – 성격이 올바르지 못하고 거칠고 난폭하거나 음울한 사람은 실패한다.
3. 지각·판단력 – 은인과 해로운 사람을 구분할 줄 모르고 영적 능력이 병들어 있어 올바른 판단력이 없는 사람은 실패한다.

우리 인간의 성격이나 성향이 어디에서 기인하고 무엇 때문에 형성되며 어떻게 영향을 미치는지 생각하여 보자.

우선 먼저 자신의 성격, 성향의 선천적인 것과 후천적인 것을 살펴보면 사람에 따라 선천, 후천이 5:5, 6:4, 7:3 등 각양각색으로 생각을 하고 있다. 필자의 연구 결과 그 누구든지 자신의 성격, 성향, 지각, 판단력은 후천이 단 1%도 없으며 100%

가 선천적이다.

이유는 간단하다. 유전적인 것에 기인하기 때문이다. 이치적으로 볼 때 누구든지 그 자신의 친가나 외가 쪽 족보를 보면 이를 확인할 수 있다.

예컨대 왕이나 정승, 판서 벼슬을 지낸 조상의 뛰어난 학식과 덕망, 그 조상들 중 장군 조상의 용기와 용맹, 천석꾼 만석꾼 부자 조상의 재를 모으는 지혜의 성격 성향을 태어날 때 유전적으로 100% 물려받아 태어난다.

반대로 조상들 중 우울증이 심해 자살한 조상의 성격, 거칠고 난폭하여 폐망한 조상, 지혜와 용기가 없어 비굴한 조상의 좋지 않은 성격이나 성향 역시 태어날 때부터 유전적으로 100% 물려받는다.

물에 빠지고 불에 타 죽은 조상, 윗대 조상이 일구어 놓은 천석꾼 만석꾼 재물을 이유 없이 탕진시킨 유전인자도 이 범주에 해당한다. 때문에 누구든지 그 성격, 성향, 지각, 판단력은 후천이 없고 100%가 선천이라고 할 수 있다.

이러한 이치로 볼 때 자살한 사람도 사업에 실패해 가산이 탕진되고 거지가 된 사람도 그 실패한 근본 원인은 태어날 때 유전적으로 물려받은 친가·외가 부모나 조상의 성격 기질이 발동해 실패한다.

반대로 대통령이나 재벌이 되고 각자 자기 분야에서 최고로 성공한 사람들 역시 태어날 때 유전적으로 물려받은 친가·외가의 성공한 부모나 조상의 지혜롭고 훌륭한 기질이 발동해 성공했다고 보면 된다.

결론적으로 실패한 사람은 부모나 조상의 유전적 기질 때문에 실패한 것이고 성공한 사람 역시 자신이 잘나고 똑똑해서 성공한 것이 아니라 부모와 조상의 유전적 기질 때문에 성공했다는 사실을 알아야 한다.

성공과 실패의 비결2

나와 조상은 혼연일체다

자신의 운명의 열쇠를 풀기 위해서는 자신과 조상간의 관계를 명확하게 알아볼 필요가 있다. 자신과 부모, 조상과 어떤 관계가 있는지 또는 교감이 되는지, 아니면 무관한지 그 여부에 대해 면밀한 관찰을 해야 한다.

필자가 전국 100만 리(40만km)를 다니며 다년간 연구한 끝에 나와 살아 계신 부모, 돌아가신 조상과는 단절된 것이 아니고 상호 운명의 영향을 지대하게 미치고 있는 점을 발견했다.

이치1 … 인간은 생령과 사령이 공존한다

우리 인간은 포·태·양·생의 과정을 거치면서 모체에서 출생하는 순간, 부모와 분리 독립되어 살아간다.

그러나 그 몸이 분리 독립되어 살아간다고 해서 관계가 끝나는 것이 아니다. 영과 영끼리 교감에 의해 부모와 자식간에 서로의 운명에 영향을 미치고 있기 때문이다. 이처럼 인간에게는 살아있는 사람의 생령과 죽은 사람의 영인 사령이 있다.

살아계신 부모가 자식인 나의 운명에 절대적인 영향을 미친다.

이치2 … 생령(산 사람의 영)과의 교감

부모와 자식은 태어날 때부터 몸이 따로 독립해서 살아간다. 그렇지만 영끼리는 24시간 항시 시간과 공간을 초월해 교감하면서 서로에게 영향을 미치고 있다. 부모의 음령인 신과 자식의 음령인 신은 항상 24시간 교감해서 서로의 운명에 영향을 준다.

부모의 음령인 신이 결혈(양기)에서 지내고 생활하게 되면 자식의 음령인 신도 살아계신 부모 음령인 신의 영향에 의해 몸이 건강해지고 우환 없이 부자가 된다. 성공하는 결혈(양기)의 집과 사업장에서 생활하게 함으로써 우환 없이 성공해 행복한 인생을 살 수 있다.

반면 부모가 비혈(음기)에서 지내고 생활하면 몸에 병이 오고 우환과 실패한 인생을 살게 된다. 부모의 음령인 신이 한 집에서 같이 사는 자식이나 객지에 따로 떨어져 사는 자식의 음령인 신에게 역시 몸에 병이 오고 우환과 실패하게 되는 비혈(음기)의 집과 사업장에서 생활하게 함으로써 병들고 실패해 불행한 인생을 살게 만든다.

일례로 법조인 집안에 법조인이 계속 나는 것은 그 부모가 운이 들어 결혈(양기)의 집에서 생활해 부모의 음령인 신이 자식의 음령인 신과의 교감에 의해 그 자식이 결혈(양기)이 있는 곳에서 공부하고 시험을 준비함으로써 사법고시에 합격한다.

그런데 만일 서울대학 법과대학을 수석으로 우수한 성적으로 졸업한 자식이 그 부모가 비혈(음기)의 집에서 생활하게 되면 그 자식의 음령인 신에게 영향을 미쳐 비혈(음기)의 장소에서 사법고시 시험공부를 하게 되어 계속적으로 사법고시에 떨어진다.

구체적인 사례를 들어보자. 김모씨는 서울대학 법과에 우수한 성적으로 입학할 당시 부모는 결혈(양기)의 집에서 살았다. 이때는 부모의 음령인 신이 자식의 음령인 신과 교감에 의해 자식이 결혈(양기)에서 입시 준비를 해서 서울대 법과에 합격했다.

이후 김씨의 부모는 집을 수리해 세를 냈다. 그런데 수리를 한 후 집에 부모보다 더 운이 좋은 사람이 이사를 왔다. 이로 인해 결혈(양기)이 새로 이사온 옆집으로 이동, 부모 집이 비혈(음기)로 바뀌게 됐다.

이로 인해 부모의 음령인 신이 자식의 음령인 신과 교감하여 자식이 비혈(음기)

의 고시원이나 장소에서 사법고시 준비를 하게 만들어 사법고시에 떨어지게 된다.

이처럼 자식이 병들고 우환을 겪으며 실패하는 것은 살아 있는 부모의 음령인 신의 교감에 의한 것이고, 자식이 우환 없이 건강하며 성공하는 것도 살아 있는 부모의 음령인 신의 교감에 의한 것이다.

따라서 귀한 자식을 우환 없이 건강하게 행복한 인생을 살게 하기 위해서는 그 부모는 반드시 자신이 사는 집을 혈(양기)이 가득한 곳에서 생활하도록 해야 함을 당부한다.

♠ 생령

산 사람의 영(靈)을 생령이라고 한다. 이 생령 중에도 두 가지로 구분되어진다. 산 사람의 영 중에서 양기의 영은 양령이고 음기의 영(靈)은 음령이다.

♠ 양령

산 사람의 양기인 양령은 바로 우리가 정신할 때 하는 한자로 정(精)이 바로 양령이다. 이 양령은 사람이 보고 듣고 움직이고 행동하는 겉령이다.

♠ 음령

산 사람의 음기인 음령은 바로 정신할 때 하는 한자로 신(神)이 바로 음령이다. 이 음령인 신은 사람의 결정하는 지각과 판단력에 해당한다. 사람은 태어나서 죽을 때까지 "정신" "정신"을 외치면서 살아간다. 매사에 정신을 차리면 살고 정신을 차리지 못하면 죽음과 같다.

일례로 어떤 사람이 세 사람을 동시에 만나야 하는데 그 중에서 누구를 선택해 만날 것인지 생각해서 결정하는 그 지각과 판단이 음령이다. 만나러 가기 위해 지하철을 타고 승용차를 운전하여 움직이며 행동하는 것이 양령이다.

이치3 ··· 조상도 양령과 음령이 있다

죽은 조상의 영 중에도 양기의 양령과 음기의 음령이 있다. 죽은 조상의 영 중에서 양령은 신 신자(字)의 신(神)이며 혼(魂)이다. 음기의 음령은 귀신 귀(鬼)자로 백(魄)이다.

만일 조상의 유택이 비혈(음기)이면 인생이 불행해진다. 조상의 음령인 백이 병들어 조상의 양령인 신이 후손의 음령인 신에게 교감함으로써 후손으로 하여금 우환이 오고 병들어 실패하는 비혈(음기)의 집과 사업장에서 살게 하기 때문이다.

반면 조상 유택이 양기의 결혈(양기)이면 행복한 인생을 산다. 백이 편안하게 되어 양령인 신이 후손의 음령인 신에게 교감함으로써 우환 없이 건강하고 성공하는 결혈의 집에서 생활하게 만들어 주는 탓이다.

결국 조상의 유택은 내 운명의 근원처이다. 나와 살아 있는 부모가 행복한 인생을 살기 위해서는 반드시 돌아가신 조상의 유택을 큰 결혈처인 진혈에 광중을 재혈해 조상의 백을 편하게 해야 한다.

그렇게 함으로써 조상의 양령인 신이 부모와 나의 음령인 신에게 교감해 나와 부모가 같은 진혈에 생활할 수 있다.

그 진혈 양기의 영향으로 태어날 때 유전적으로 물려받은 친가 혹은 외가 부모나 조상 몸의 신체 유전인자 중 병의 유전인자가 억제되고 건강한 신체 유전인자의 세포 증폭이 활성화됨으로써 질병 없이 건강하게 장수할 수 있다.

뿐만 아니다. 부모나 조상으로부터 태어날 때 물려받은 유전적 성격 중 실패한 조상의 성격인 우울하고 거칠고 난폭하며 이유 없이 재산을 탕진시키는 나쁜 성격도 억제된다.

오히려 훌륭한 조상의 성격인 밝고 바르며 용기 있고 재산을 모으는 지혜로운 성격이 활성화되어 성공하게 되는 법이다. 이 원리가 지구창조 이래 수천만 년 동안 그 누구도 밝히지 못한 인간 운명의 메커니즘이다. 진리는 단순하며 복잡하지 않고 명확하다.

필자는 그 누구에게도 배운 바 없지만 전국 100만 리를 다니며 양택·음택 처방의 고행 끝에 스스로 사람과 자연, 우주를 보는 눈·귀가 열리고 인간의 생노병사 길흉화복의 원리를 지혜로 깨칠 수 있었다.

독자들이 이 이치를 누구든지 시기나 질투의 눈으로 보지 말고 각자 전문 분야에 유익하게 활용해 인류 평화에 활용했으면 하는 것이 필자의 바람이다.

■ 화장을 해도 부모의 영이 자식의 운명을 좌우한다

사람이 죽으면 체(體)와 혼(魂)으로 분리된다. 이때 체는 의미가 없어지며 혼(魂)과 백(魄)이 존재하게 된다. 우리는 사람이 죽었을 때 매장 혹은 화장으로 장례를 치른다.

매장은 의미가 없는 체를 땅속에 안장하는 것을 가리키며 화장은 의미가 없는 체를 고온에 태우는 것을 일컫는다.

중요한 것은 사람은 죽어서 그 유체를 땅속에 안장하든 고온의 불에 태우든 혼과 백은 존재하고 있다는 사실이다.

세간에 화장하면 무해무탈(無害無脫)하다고 생각하는 사람들이 많다. 이런 생각은 아무런 근거도 이치도 없이 하는 말이다. 또한 과학적 재연성이나 확인 작업이 이루어지지 않은 위험천만한 발상이다.

이와 같이 생각하는 사람들은 본인의 음령인 신으로 냉철히 판단하지 않고, 껍데기 겉령과 눈으로 간단히 생각해 종이나 물체를 태우면 그 형체가 파괴되고 재로 남는 것을 진리처럼 착각하고 있다.

더욱 심각한 것은 일부 지각 있는 학자나 종교인의 행태이다. 그들은 세인들에게 조상의 유체를 화장해서 그 유분을 산이나 강에 뿌리거나 수목장이라고 하여 나무 밑에 뿌려도 괜찮다고 충동질하고 있는 사례가 빈번하다. 소중한 후손과 그 가문을 폐망시키는 것은 생각하지도 않고 말이다.

필자는 이런 행태를 목격하면서 앞으로 우리 국가와 민족의 흥망성쇠를 생각할 때 통탄을 금할 수 없다.

돌아가신 부모 조상의 혼과 백은 체를 땅에 묻든, 불에 태우든 똑같이 존재하는 것이지 재처럼 없어지는 것이 아니다.

　자다가 집에 불이나 타 죽은 사람도 결코 그 혼백이 없어지지 않는다. 불에 타 죽은 사람도 똑같이 혼과 백이 존재하는 것이며 재처럼 사라지는 것이 아니다.

　지금까지 전 세계적으로 볼 때 조상의 화장한 유체를 산이나 강에 뿌려서 날려 없앤 사람들을 보면 모두가 자기 노력으로 사는 사람들이다. 임금 대재나 각자 그 분야에서 최고로 성공한 경우는 찾아볼 수 없다.

　중국이나 인도 등 화장 문화가 발달한 국가에서는 왕가나 귀족 재벌들의 훌륭한 가문은 조상의 유택을 누구보다 명당에 모시기 위해 결혈처를 찾아 정성을 들인다. 일반서민이나 천민 등 가문이 변변치 못하고 평범한 사람들이 화장을 해서 산이나 강에 날린다.

　일본의 경우에는 화장한 조상의 유분을 집안에서도 정성으로 모신다. 조상을 잘 모시기 때문에 패전의 어려운 여건 속에서도 세계 최고의 부국으로 성장할 수 있었다는 사실을 잊지 말아야 한다.

　필자는 이를 과학적으로 증명하기 위해 우리나라의 역대 대통령 부모 전원, 재벌 전원, 반기문 UN사무총장을 비롯한 관계에서 성공한 사람들의 부모 조상 유택을 조사했다.

　그 결과 단 한 사람도 돌아가신 부모 산소를 화장해 산이나 강에 뿌리거나 수목장이라고 해서 나무 밑에 뿌려서 날린 사람이 없었다.

　혈맥과 결혈처를 조사하니 모두가 혼과 백이 편안하고 후손이 임금 대재가 나는 진혈의 유택에 광중이 재혈되어 있는 것을 확인할 수 있었다.

　따라서 화장을 하더라도 매장한 것과 똑같이 돌아가신 부모 조상의 혼백이 존재함으로 화장을 할 때는 화장한 유분을 단지에 고이 모셔 결혈처인 명당 자리 납골묘나 납골당에 정성으로 모시고 예를 올려야 한다.

　그렇게 해야 후손인 본인과 사랑하는 자식들이 우환을 겪지 않고 건강하게 성공한 삶을 살 수 있다.

　필자의 견해로는 현재 국가적으로 장려하고 있는 수목장은 우리나라 민족을 멸문・폐망시키는 망국행위이다. 따라서 지금이라도 국가적으로 계몽해 이 같은 행위를 즉시 중지시키고 소중한 조상의 유분을 정성으로 명당 혈처에 모시도록 앞장서야 한다.

　매장도 화장도 똑같이 혼백이 편안한 명당 결혈처에 모셔야 후손이 명당 진혈에 살 수 있다. 그렇게 되면 그 부모 조상의 훌륭한 성격・성향 기질이 발동해 눈과 귀가 열리고 판단력이 뛰어나게 되며 성품이 훌륭해져 우환 없이 성공할 수 있다.

　만일 화장을 해서 조상의 유분을 날리게 되는 경우에는 지방을 써서 혼을 초청하여 양기가 있는 결혈처에 모셔야 한다.

　우리 산사람도 집이 없으면 인생이 유랑걸식하며 거지로 비참한 삶을 살게 된다. 돌아가신 부모 조상도 마찬가지이다.

　돌아가신 부모 조상 유혼도 제사때 지방을 모시면 그때야 후손의 집에 잠시 왔다가 후손이 차린 음식을 들고 가기 싫어도 향을 끄고 지방을 소지하는 순간 후손의 집에 있지 못하고 또다시 구천을 유랑걸식하며 떠돌게 된다.

　그런데 이때 그 양령인 신이 후손의 음령인 신과 교감해 후손으로 하여금 우환 삼재의 근원이 되고 비혈(음기)의 자리에서 살게 함으로써 후손으로 하여금 불행한 인생을 살게 만든다.

　혹자는 전 국토가 개발이 되고 산이 잘라져 명당이 어디에 있는가 하고 의문을 제기하곤 한다. 이런 사람들은 한시라도 필자에게 찾아오면 임금 대재가 나는 명당 진혈이 대지나 평지에도 산재하여 존재하는 이치를 증명할 수 있다.

　예컨대 눈에 보이지 않는 혈맥이 산과 들과 집터와 사업장 터에 어디로 지나가고 어느 곳에 어떤 크기로 결혈되어 있는 것과 필자가 결혈처를 양명기석을 활용해 비방으로 이동시키는 것을 직접 눈으로 확인시켜 줄 수 있다.

　따라서 언제든지 의심이 나거나 확인하고 싶은 사람은 신분을 막론하고 필자에게 의뢰해 확인했으면 한다.

> **Tip**
>
> ※ 초혼묘제(招魂墓祭)
>
> 만일 이 책을 읽은 독자들 중 조상의 화장한 유분을 날린 사람이 있다면 필자에게 찾아와 도움을 청하라.
>
> 필자는 정심으로 기도해 구천을 떠돌고 있는 그 혼을 지방을 써서 초청, 양기가 있는 단지에 모셔 납골당이나 산의 결혈처에 묘택을 좌정하여 초혼묘제로 처방해 줄 것이다.
>
> 그 순간 백이 명당 진혈에 편히 안주하고 그 편해진 조상의 양령인 신이 그날부터 후손의 음령인 신과 교감하여 영향을 미쳐 우환삼재의 근원이 깨끗이 사라지게 하고 가문이 발복할 수 있게 된다.
>
> 따라서 이에 해당되는 사람은 필자가 운영하는 전국의 〈천기아카데미〉를 찾아 필자나 필자의 제자인 전국의 박사, 도사, 천기사의 도움을 받아 가문을 바로 세울 수 있었으면 한다.

제3부

'혈'을 바로 알고 적용하면 운명이 바뀐다

제3장 혈과 비혈 '바로 알자'

▬▬ 혈이 인간의 운명을 결정한다

혈(穴)의 정의

혈은 산이나 들이나 집이나 지구상에 존재하는 모든 땅에 있는 눈에 보이지 않는 기운을 말한다.

필자가 전편 책인 〈이종두의 음양지기〉에서 밝힌 대로 단지 땅에서 방출되어 올라오는 지기만이 아니고 하늘의 기운인 천기와 땅의 기운인 지기와 사람 인체에서 방출되는 인기가 공기 중에 혼합하여 조화를 이루어 완성되는 눈에 보이지 않는 기운이 혈이다.

이 혈에는 사람을 살리고 혼을 편하게 하며 운을 발복시켜 성공하게 하는 따뜻한 기운인 결혈처가 있다.

이 결혈처에서는 따뜻하고 좋은 기운인 양기가 방출된다. 결혈처가 아닌 비혈처에서는 차고 냉한 기운이 방출되며 생명체를 병들게 하고 우환을 겪게 하며 실패나 폐망하게 하는 음기가 발생한다.

혈은 양기를 방출시키는 결혈처와 음기를 방출시키는 비혈처로 나누어진다.

결혈(結穴)(양기)

우리가 생활하고 있는 지구에는 산도 강도 땅도 모두가 살아 있다. 각각의 요소마다 인체 혈관처럼 눈에 보이지 않는 혈맥이 지나가고 있다. 따라서 이 혈맥에는 결혈이 맺혀진 장소가 산재하게 된다.

수박을 예로 들어 보자. 수박은 뿌리에서부터 줄기가 뻗어 지나는 길이 용(혈)이 지나는 맥이고 수박 열린 곳이 결혈처이며, 그 뿌리에서부터 줄기가 산이나 집이나 사업장, 경작지, 축사 등 어디로든 흐르고 있다. 이 혈맥을 통해 수박의 줄기에서 수박이 열린다.

이처럼 결혈처에는 따뜻한 기운인 양기가 방출되어 생명체를 활성화시킨다. 양기가 맺혀 있는 결혈은 생명체를 건강하게 하고 그 운이 발복되어 우환 없이 성공하게 하는 명당의 자리이다.

결혈에서 방출되는 양기는 (+)성질의 따뜻하고 좋은 기운이다. 이 양기는 사람으로 하여금 그 부모 조상으로부터 태어날 때 물려받은 신체 유전인자 중에서 건강한 신체 유전인자가 세포 증폭을 활성화시키고 병적 유전인자를 억제시켜 질병 없이 건강하게 장수하도록 한다.

양기는 사람으로 하여금 태어날 때 부모 조상으로부터 유전적으로 물려받은 성격 성향 중에서 훌륭한 조상의 밝고 바르고 용기 있고 재산을 모으는 지혜의 성격을 발동하게 하여 우환 없이 훌륭하게 성공하게 하는 좋은 기운이다.

이 결혈처는 산의 숲 속, 크고 잘 자란 나무, 산소 등 산재하여 맺혀 있다. 우리가 생활하는 양택인 집과 사업장 안에도 그 사는 사람 운에 따라 운과 함께 존재한다.

중요한 것은 반드시 운이 좋은 사람이 생활하는 땅에만 결혈처가 존재하여 그 사람의 운을 발복시켜 성공하게 한다는 점이다.

사자(죽은 사람)의 백이 안주하는 유택에도 혈은 존재한다. 가장 큰 혈처인 진혈에는 후손이 임금 대재가 나고 대혈처에는 큰 부자, 정승 판서가 나고 소혈에는 평범하게 밥 먹고 사는 소부자와 범인이 난다.

결혈(양기)처에는 우리 인체 생명체와 똑같은 전류 및 파장과 기운이 형성되어 있다.

이 생명체와 같은 기운이 생명체의 대사를 촉진시키고 건강한 신체 유전인자가 세포 증폭을 활성화시켜 질병에 걸리지 않게 하고 건강하게 생활하도록 한다.

결혈(양기)에서 잘 자란 콩

비혈(음기) 터에서 못 자란 콩

결혈 인삼밭에는 인삼이 잘 자란다.

비혈 인삼밭에는 못 자라고 인삼이 몸에 해롭다.

제3부 '혈'을 바로 알고 적용하면 운명이 바뀐다 | 111

결혈처엔 잔디가 노란 연둣빛. 반기문 UN사무총장 부친 묘는 임금 나는 진혈처로 봉분, 제전까지 결혈이 맺혀 있다.

마을의 혈이 모두 반기문 UN사무총장 생가에 결혈이 맺힌 상태를 교육하는 장면

비혈(음기)

혈맥이 지나가지 않아 결혈처가 아닌 곳은 모두가 비혈이며 차고 냉한 음기가 방출된다.

음기는 사람으로 하여금 부모 조상에게 태어날 때 물려받은 신체 유전인자 중에서 건강한 유전인자 증폭을 억제시키고 병적 유전인자를 활성화시켜 사람을 병들게 하고 죽게 만드는 기운이다.

또한 부모 조상으로부터 태어날 때 물려받은 유전적 성격 성향 중에서 훌륭해서 성공한 조상의 성격을 억제시킨다.

반면 죽거나 자살하고 실패한 조상의 성격(우울하고 거칠고 난폭하며 비굴하고 재산을 탕진시키는 기질)을 발동시켜 우환을 겪어 실패나 폐망시키는 죽음의 기운이다.

등산을 할 때도 '등산은 양산이요, 배산은 음산' 이라 하지 않는가.

산의 능선은 혈맥이 지나가는 결혈이 맺힌 양기의 맥이고, 이 등산에는 뱀이나 송충이 등 해충이 없고 나무도 잘 자란다. 사람이 등산을 따라 산행하면 양기의 영향으로 몸이 건강해진다.

하지만 배산인 계곡을 따라 산행하면 비혈이기 때문에 음기가 많아 뱀 등 유해충이 많으며 인체 건강에도 해롭다.

따라서 특히 환자가 산행을 할 때는 반드시 등산으로 산행을 해야 한다. 천기아카데미에서 교육을 받아 나뭇가지, 풀대 등 자연을 이용하여 양기가 가득한 결혈처에서 휴식하고 생활화하면 심장이 살아나 오장육부가 건강해져 병이 나을 것이니 이를 많이 활용하기 바란다.

비혈(음기)처에는 생명체와 같은 전류 파장이 없고 이상전류나 기운이 존재하며, 이 생명체와 다른 이상 전류와 파장이 대사를 막고 건강한 세포 증폭을 억제시키고 병적 유전인자가 활성화되어 병에 걸린다.

경북 영덕 소재의 귀신 나오는 흉가. 심한 비혈지(음기) 터

비혈(음기)이 심하면 병들고, 폐망한다.

▰▰▰ 결혈(양기)·비혈(음기) 진단하기(천기비법)

사람들이 결혈과 비혈을 진단하기는 쉽지가 않다. 필자는 이에 따라 자연을 보는 눈과 몸으로 기운을 느끼는 법, 자연 및 기구를 이용해 혈을 찾는 법 등 세 가지 비법을 제시함으로써 독자들이 혈과 비혈을 진단하는데 도움을 주고자 한다. 또한 양기 원리를 이용하여 세계 최초로 발명한 '천기로드'를 활용해 남녀노소 누구나 쉽게 결혈처와 비혈처를 진단할 수 있다.

자연을 보는 눈

사람은 눈이 생명이다. 천지 대우주는 기계를 제외하고 모두가 자연이다. 사람도 자연이요 산이 살아 있고 하늘과 땅도 살아 있다. 만물은 모두가 살아 있는 생명체며 세상을 볼 때 자연을 보는 눈이 뜨여져야 사람이 지혜를 깨칠 수 있다.

우리가 살아서 움직이고 숨쉬고 있는 이 순간에 모든 만물도 살아서 숨쉬고 있으며 기쁨과 슬픔의 감정을 표출하고 있는 것이다.

산을 단지 산으로 보지 않고 살아 있는 생명으로, 나무도 풀도 꽃도 땅도 하늘도 우리 인간처럼 살아 있는 생명으로 보게 되면 일반 사람들 눈에 보이지 않는 기운까지도 눈으로 보고 찾을 수 있다.

길가의 가로수를 자연의 눈으로 보고 그 눈이 뜨여지면 나무가 단지 나무로 보이지 않고 기뻐서 웃으며 즐거워하는지 아니면 몸이 병들어 괴로워하는지를 눈으로 보아서도 알 수가 있다.

필자는 나뭇잎의 색깔과 줄기가지 표면의 형태로 자라는 모양을 보고 어떤 나무는 결혈처의 양기로 인해 건강하게 웃고 즐거워하며 성장하고 있고, 바로 옆의 나무는 비혈 음기 때문에 병들어 신음하며 고통스러워하고 있는 것을 외관만 보고도 구분하고 식별한다.

그리고 산을 보면 그 산의 혈맥이 등산을 따라 어느 곳으로 내려오고 있고 결혈이 어느 자리에 맺혀 있는가를 나무나 풀이나 산소, 잔디의 색깔만 보고도 정확하게 식별을 할 수 있다.

나뭇잎이나 산소 잔디의 색깔을 유심히 보면 봄부터 늦여름까지는 색이 노란 연둣빛이 나는 곳이 결혈처(양기)이다. 반대로 논에 벼를 봐도 파랗고 검은빛이 나는 곳은 비혈(음기)이요 뱀이나 충이 많다. 그러나 노란 연둣빛이 나는 논의 벼는 결혈처이므로 뱀이나 충이 없다.

산 역시 혈맥이 내려오면서 결혈처 자리에는 뱀, 모기, 송충이, 진딧물 등 충이 없고 그 자리의 모든 식물은 생육이 잘 되며 산소 역시 수맥파와 음기가 제거되어 백이 편안하여 그 후손을 발복시킨다.

사람이 사는 집도 자연을 보는 눈으로 보면 물체나 사람이 앉았을 때 결혈처 양기인 곳은 사람 얼굴의 혈색이 좋으며 상이 일그러지지 않고 편안하고 따뜻하게 밝으며 물체 역시 차고 냉랭하게 보이지 않는다.

필자는 길에서 주택이나 아파트, 건물 벽만 보고도 혈맥이 어느 곳으로 지나가 어떤 곳으로 결혈이 맺혀 있는지 정확하게 식별한다.

사람을 볼 때도 역시 마찬가지이다.

필자는 가장 먼저 그 사람 혈색을 본다.

얼굴의 혈색은 누구든지 자신의 건강상태를 나타내기 때문에 얼굴의 혈색만 보아도 그 사람의 건강상태를 진단할 수 있다.

예컨대 얼굴의 혈색이 붉은 빛이 강하면 그 사람은 심장이 건강하지 못한 사람이다. 이로 인해 피가 탁해져 혈전이 생기게 되고 그 혈전이 그 사람의 신체 하지 쪽의 미세혈관을 막는다.

이에 따라 심장에서 생산된 피가 하지 대동맥, 대정맥으로 순환하여 하체와 발바닥의 가는 미세혈관이 막혀 피가 순환하지 못한 만큼 신체 위쪽 얼굴로 상승해

상혈 때문에 얼굴이 붉어지게 된다.

  이 사람은 예외 없이 머리 뒤의 뇌·혈관 대동맥이 경화되어 몸 중에 심장병, 신장병, 고혈압, 뇌졸중이 진행되고 있는 환자이다.

  얼굴에 노란 황달이 있으면 그 사람은 간이나 신장, 심장에 병이 있는 사람이다. 당뇨환자 또한 같다. 황달 정도에 따라 병의 경중을 진단할 수 있다. 또 얼굴이 검은색으로 흑달이 심한 사람은 간에 병이 위중하거나 장기에 병이 있는 사람이다.

  필자는 이처럼 양의나 한의학을 전혀 공부한 바 없지만 오랜 기간 동안 병원에서 의사가 포기한 전국의 중증 환자 수백 명을 도와주며 사람을 보는 눈이 깨쳐졌다.

  손을 잡았을 때 몸속에 염증이 있거나 하체와 발의 미세혈관이 막혀 피가 통하지 않는 사람의 손은 뜨겁고, 발은 차다.

  이 사람 역시 팔의 대동맥을 잡아 보면 비정상으로 팽창되어 있고 머리 뒤의 뇌혈관 대동맥이 고무처럼 딱딱하게 경화되어 있다.

  뇌혈관 대동맥이 경화되면 어깨가 역시 굳어지고 뇌졸중이 진행되고 있는 상태이며 어깨 다음은 허리로 병이 내려가고 그 다음은 관절로 진행된다.

  혈압이 높은 사람은 어깨가 굳어져 반신이 저리고 마비증세를 느껴 풍이 발병되고 반대로 혈압이 낮은 사람은 어깨가 굳어지지 않고 몸 속으로 심장이나 간, 신장 등에 중병이 발병하며 위험지경에 처하게 된다.

  이처럼 사람을 자연의 눈으로 보면 그 사람의 건강과 질병은 물론 현재의 운과 불운까지 정확하게 볼 수 있다.

몸으로 기운을 느끼는 법

  마음을 편안히 하여 사심을 없애고 정심이 되어 가만히 눈을 감고 손바닥을 땅으로 향하고 있으면 손바닥으로 기운이 느껴진다.

  양기가 있는 결혈처에서는 손바닥에 따뜻한 기운이 바람처럼 느껴지고 마음이 편안하고 뒷머리와 눈 역시 편안하고 상쾌하다. 반대로 비혈의 음기자리에서는 마음이 편치 않으며 심장과 팔이 떨리고 손바닥에 차고 냉한 기운이 바람처럼 스친다.

이처럼 혈·비혈의 기운을 몸으로 느끼기 위해서는 가장 먼저 사심과 탐심을 없애고 정심이 되어야 함을 명심하기 바란다.

자연 및 기구를 이용해 혈을 찾는 법

눈에 보이지 않는 기운인 결혈(양기), 비혈(음기)을 도구를 이용해서 찾을 수 있다. 현재까지 그 어떤 사람도 결혈을 정확하게 찾는 사람이 없었으며 그 방법을 이론으로 학문화하여 책으로 전수하거나 제자를 양성한 전례도 없었다.

필자는 그 어떤 서책이나 스승을 통해 배운 것이 없다. 그러나 생명이 있는 자연(나뭇가지, 풀대, 꽃대 등)을 이용하여 자연의 비법으로 찾고 '천기로드'로 혈맥과 결혈처의 크기까지 정확하게 찾는 기계를 발명해서 세계 최초로 특허를 출현했다. 또한 사회 전 분야에서 유용하게 활용할 수 있도록 전문가를 양성시키기 위해 제자들을 교육하고 있다.

필자는 독자들이 이들 방법을 익혀 눈에 보이지 않는 기운인 혈·비혈을 찾아내어 일반인들이 쉽게 활용할 수 있기를 바란다.

누구든지 필자가 제자 양성의 도장으로 운영하고 있는 〈천기아카데미〉에 입문하면 이 방법들을 배울 수 있다.

예컨대 천기비법의 자연을 이용한 결혈(양기), 비혈(음기) 찾는 법, 엘로드를 이용해 수맥을 1㎝도 틀리지 않고 정확하게 찾는 법과 양기·음기 진단방법 및 비혈(음기)의 자리에 양명기석을 이용해 혈맥을 이동시켜 결혈처(양기)로 바꾸는 비결을 익힐 수 있다.

또한 필자가 발명한 '결혈 명당지 탐사기'가 전 세계 인류의 질병을 예방하고 건강을 유지하는데 크게 기여하는 위대한 발명으로 평가받으리라고 생각한다.

향후 수 년 안에 필자가 가르치는 '결혈·비혈 찾는 법', '비혈처의 혈맥을 이동시켜 진혈처로 바꾸는 처방법' 자격증이 그 어떤 전문 분야의 라이센스보다 더 귀중하고 가치 있는 전문자격증이 될 것이라는 사실을 확신한다.

천기로드로 결혈지를 찾는 장면

노란 연둣빛 잔디가 결혈지라 설명하는 이종두 회장

풀대로 결혈지를 찾는 천기비법을 지도하는 이종두 회장

결혈지에 따뜻한 양기가 나옴을 설명

제3부 '혈'을 바로 알고 적용하면 운명이 바뀐다 | 119

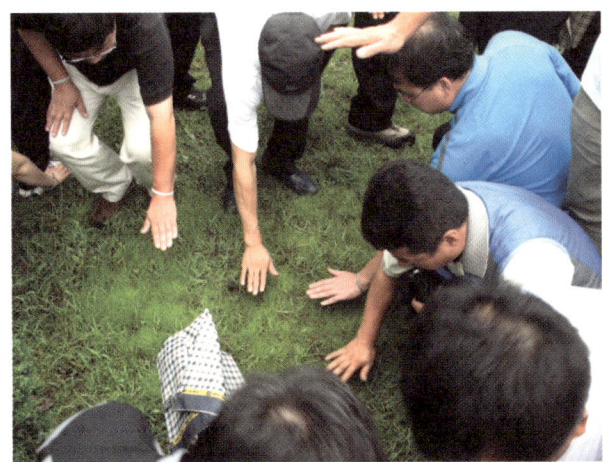
결혈지는 따뜻한 양기가 나온다.

비혈(음기)처에서 풀대를 밀어내는 장면

비혈(음기) 논에서 풀대를 밀어내는 장면

앞산의 결혈지를 설명

앞에 보이는 산의 혈맥이 맺힌 결혈지를 설명

앞산의 결혈지를 설명

제3부 '혈'을 바로 알고 적용하면 운명이 바뀐다 | 121

이씨 조선 폐망 원인

예로부터 한 나라의 흥망성쇠는 혈맥의 결혈지, 비혈지와 밀접한 관계가 있어왔다. 부강한 나라를 위해서는 태어날 때부터 죽을 때까지 하늘이 점지한 결혈지에 있어야 원하는 것을 이룰 수 있었다.

눈에 보이지 않는 혈(돈줄, 명줄, 관운, 입신운줄)이 지나가는 길인 혈맥과 혈이 맺힌 장소인 결혈지에서 태어나서 결혈지인 양택에서 자라나 성장하면 임금의 기상과 지혜가 열려 왕의 자리에 오를 수 있다.

결혈지에 대궐을 짓고 그곳에서 백성을 통치하고 2세를 탄생시키고 자신은 임금이 나는 명당 진혈인 결혈지에 묻힘으로 죽은 백도 비혈에 있는 백을 통치하는 임금이 되어 고인의 양령인 신(神)이 그 2세인 후손의 음령인 신과 교감이 이뤄져야 2세가 왕위를 계승하여 지혜가 있는 성군으로 백성을 통치하고 부국강대한 나라를 이끌 수 있다.

반면 가문의 왕운이 다하면 왕이 죽은 후 그 후손에게서는 임금이 나올 수 없고 백이 편치 않아 진혈의 백에게 머슴, 종을 지내는 비혈에 유체가 안장되어서 자식의 양령인 신(神)과 교감한다.

그러면 후손 역시 병들고 폐망하는 비혈지에 대궐을 짓고 그곳에서 백성을 통치하게 된다.

이렇게 되면 비혈인 음기의 영향으로 조상 중에서 우울하고 거칠고 포악하고 난폭한 성향이 고스란히 발동하게 되어 지혜가 닫혀 나라를 곤경에 빠뜨리고 외국의 침략을 당하거나 반란이 일어나 폐망하여 왕국이 무너진다.

역사를 돌이켜봐도 이런 혈처의 영향에 대한 근거는 얼마든지 있다.

신라 석탈애왕의 초생월형 명당택지, 고구려 연개소문의 평양성 개축과 신월성의 만월성 개명, 백제의 공주도성에서 반월형인 부여천도가 대표적이다.

도선 선사가 태조 왕건의 아버지인 왕융에게 송악의 왕이 날 수 있는 집터 좌정이나 왕도인 개성기지를 잡아주었던 일들, 이태조 등극시에 도읍지를 충청도 계룡산 밑 신도 안에 초석을 놓았다가 한양으로 도성을 옮긴 일 등 수없이 많다.

결국 눈에 보이지 않는 혈맥과 결혈지에 일국의 흥망성쇠가 달려 있음을 확실하게 보여주는 대표적인 사례들이다.

이를 이론적으로 알아보기 위해 필자는 태조 이성계의 왕릉과 역대 조선 왕들의 왕릉을 비교 조사한 바 있다.

그 결과 왕의 묘가 결혈지에 정확하게 광중이 모셔진 그 직계 후손만이 왕위를 계승했고, 지하 땅속에 흘러가는 물길인 수맥이 가로, 세로로 크게 지나갔다 하여도 결혈이 맺힌 자리의 왕릉은 수맥 파장의 피해를 당하지 않고 왕위를 계승하는 반면 수맥이 지나가고 비혈지의 자리에 있는 왕릉의 후손은 대체적으로 왕위를 계승하지 못하고 비운을 당했다.

이씨 조선의 마지막 왕인 고종, 순종의 능을 조사해 보면 관산학에 근거해볼 때 두 왕릉의 자리는 주산의 래용(來龍)이 끊어진 사맥의 자리이고 청룡, 백호와 안산, 조산, 수거, 담 등이 현저하게 빠져 있는 비혈지다.

특히 조선 왕조가 폐망한 원인을 고종묘와 순종묘에 근거해 살펴보면 두 가지로 요약할 수 있다.

첫째 두 왕묘 모두 가로, 세로 2개 이상의 큰 물길이 지나는 중앙에 광중이 재혈되어 있고 심한 비혈지이며 수맥에서 올라오는 상서로운 파장과 비혈의 음기 영향으로 백이 편치 않게 하여 후손의 신과 교감, 왕운이 끊어져 일제에게 폐망하게 됐음을 알 수 있다.

또한 고종묘는 주요 산과 좌우 주변에서 혈맥이 내려와 결혈이 맺힌 자리를 벗어난 비혈지에 왕묘가 자리를 잡고 있다.

즉 고인의 백이 비혈 음기의 영향으로 왕의 자리에서 추락하여 다른 진혈자리의 백에게 종속됐고 후손인 순종에까지 영향을 미쳐 일제 폐망 후에도 왕운이 이어지지 않고 완전히 끊어져 조선 왕조가 복원되지 못하고 영원히 폐망하고 말았다.

이런 원리는 현대에 와서도 예외는 아니다. 대통령이 집무를 보는 청와대 자리의 결혈과 비혈에 따라 나라의 미래는 모습을 달리 한다.

대한민국은 이씨 조선 왕조 폐망 전부터 비혈 음기의 영향으로 나라가 불안하고 백성이 가난과 고통에 신음했다.

그러다 국가적으로 부강한 경제력을 갖추게 된 시기는 박정희 대통령 때였다. 산의 혈맥이 크게 내려와 결혈이 맺힌 자리에 청와대를 준공, 박정희 대통령이 집무를 보게 되자 국운이 들어 '경제 5개년 개발계획' 등 불과 15년이라는 짧은 기간 내에 부강한 나라와 경제적으로 눈부신 발전을 이룰 수 있었다.

그러나 청와대 주변에 고층 빌딩들이 새롭게 들어서면서 건축주의 운을 담은 주변 빌딩으로 청와대의 결혈이 이동되면서 청와대의 운명이 뒤바뀌게 된다.

청와대가 심한 비혈 음기로 바뀌면서 얼마 지나지 않아 국모인 육영수 여사가 문세광의 총탄에 저격당했고 박 대통령 역시 본인이 아끼던 부하 김재규의 배신으로 총에 맞아 목숨을 잃고 말았다.

이후에도 청와대의 심한 음기는 계속 이어져 최규하를 비롯한 역대 대통령들이 비혈의 영향으로 박정희 대통령처럼 어려움을 겪고 있다.

이전에는 지혜를 자랑하던 사람들도 청와대에만 들어가면 비혈 음기의 영향으로 실패한 부모 조상의 유전적 기질 성향이 발동되어 재임시 폭탄테러 등 위기를 맞거나 퇴임후 관재가 들어 수감을 당하고 병이 발병되어 암에 걸리는 등 고난을 겪고 있다.

한 나라를 대표하는 대통령에게 좋지 않은 일이 계속 이어진다는 것은 대통령 자신은 물론 국가의 발전에도 엄청난 손실일 수밖에 없다.

이런 점에서 필자는 나라의 발전과 국민의 행복을 위해서는 무엇보다 청와대의 대통령 집무실을 필자의 천기비법을 통해 명당 진혈인 결혈처로 바꾸어야 한다고 생각한다.

'천기비법'이란 눈에 보이지 않는 혈맥과 혈이 맺힌 결혈지를 찾는 것은 기본이고 기도와 신물인 '양명기석'을 활용해 혈이 닫힌 곳을 비법으로 모두 찾아내어 명당 진혈처로 처방을 해주는 작업이다.

이와 함께 비혈이 심한 청와대의 경우 주산인 인왕산의 혈을 이동시켜 결혈처로 바꾸어 삼재우환의 근원을 제거하고 운을 발복시켜 주는 기도를 하면 된다.

청와대를 비롯하여 입법부인 국회와 사법부인 법원, 검찰청사 등이 모두 천기비법을 통해 명당으로 처방을 받으면 그곳에 있는 사람들에게 대운이 들고 지혜가 열려 우리나라가 전 세계에서 가장 부강하고 살기 좋은 나라로 발전할 수 있다는 것을 확신하는 바이다.

태조 이성계 왕릉 방향으로 혈맥이 가는 장면

이태조 왕묘에 결혈이 맺힌 장면

이태조 왕묘 결혈터 양기 진단 장면

이태조 왕묘는 결혈처로 양기가 가득

이태조 왕묘에 수맥이 지나는 폭을 진단

이태조 왕묘에 수맥이
가로 1.5m, 세로 3m 지난다.

이태조 왕묘 감정 후
관산과 혈, 수맥을 설명

융릉(사도세자) 왕묘 쪽으로 혈맥이 향하는 것을 진단하는 장면

융릉(사도세자)의 왕묘가 후손이 임금 나는 진혈지임을 설명하는 이종두 회장

건릉(정조)의 왕묘가 결혈지임을 설명하는 이종두 회장

건릉(정조) 주위 수맥을 진단하는 장면

고종 묘 혈맥 방향 조사

고종 묘 제각 비혈(음기) 장면

제3부 '혈'을 바로 알고 적용하면 운명이 바뀐다 | 129

고종 묘 결혈의 방향을 진단하는 장면

고종 묘 봉분 앞쪽에 결혈이 맺힌 곳을 찾는 장면

고종 묘 바깥쪽으로 결혈처가 빠진 장면

고종 묘에 수맥이 지나는 장면. 수맥 지점 조사

수맥이 3m 이상 넓게 지난 지점을 표시하는 장면

고종 묘 음기(비혈) 상태 진단

제3부 '혈'을 바로 알고 적용하면 운명이 바뀐다 | 131

고종 묘 수맥 지점을 표시하는 장면

고종 묘 비혈(음기) 상태, 수맥, 관산을 설명하는 장면

고종 묘는 비혈(음기)이 심하고 수맥이 교차하는 지점에 광중이 모셔져 있고,
주산 내용이 사맥인 곳으로 왕조의 패망 원인

순종 묘 앞 10m 지점 소결혈지를 찾는 장면

순종 묘 10m 앞 결혈지 지점을 가리키는 장면

제3부 '혈'을 바로 알고 적용하면 운명이 바뀐다 | 133

순종 묘는 가로, 세로 2m x 3m 수맥의 중앙에 광중을 재혈

수맥 탐사 장면

순종 왕묘의 비혈(음기) 수맥, 관산을 설명하는 이종두 회장

순종 묘 관산을 설명하는 장면

제3부 '혈'을 바로 알고 적용하면 운명이 바뀐다 | 135

대통령이 되는 비결

대통령과 혈

필자가 천기비법으로 우리나라 역대 대통령을 조사한 바 있다.

이에 따르면 한 나라의 대표가 되는 영예를 얻은 대통령들은 모두 대통령이 되기 전 살던 집, 태어난 생가터, 부모 산소, 선거캠프 사무실 자리에 주위의 큰 혈맥이 들어가서 결혈이 맺혀 있는 진혈지임이 확인됐다.

대통령이 되기 위해서는 첫째, 돌아가신 부모 유택이 후손이 임금 나는 진혈 자리에 광중이 재혈되어야 한다. 간혹 대통령 부모 유택 진혈 자리에 수맥이 지나가는 경우도 있는데 수맥이 지나간다고 해서 반드시 백이 편치 않고 후손이 망하는 것은 아니다. 수맥이 지나간 자리라도 결혈처엔 따뜻한 기운이 감싸게 되고 그 기운에 의하여 백이 편안한 조상의 양령인 신이 후손의 음령인 신과 교감하여 임금이 되는 명당 진혈의 집에서 살게 한다.

진혈의 선거캠프에서 선거 운동을 하면 양기 영향으로 본인은 물론 주변 사람들이 조상으로부터 유전적으로 물려받은 성격, 성향 중에서 왕과 재상의 지혜가 발동되어 대통령에 당선될 수 있다.

대표적인 예로 김대중 대통령을 들 수 있다. 김 전 대통령의 경우 일찍이 국회의원에 당선되어 박정희 대통령과 대선을 치르게 됐는데 부모가 돌아가신 후 유체를 전남 신안 하의도 대리 소재의 심한 비혈의 터에 모시고 말았다.

음기의 영향으로 백이 편치 않은 부모 양령인 신과 본인의 음령인 신의 교감에 의하여 납치당하거나 사형선고를 받고 죽음의 위기에까지 처하게 된다.

그러나 때가 되어 부모 산소 유택을 현재의 자리인 용인으로 이장하여 주산의 큰 혈맥이 내려와 결혈이 맺힌 진혈 자리에 모시고 나자 백이 편해진 부모 양령인 신이 본인 음령인 신과 교감하여 임금 대재가 되는 일산의 진혈 자리 집으로 이사를 갔고 결국 대통령에까지 당선됐다.

그러나 현재 살고 있는 동교동 집은 새로이 건축할 때까지는 임금이 탄생되는 진혈처가 아니라 몸이 다치는 비혈의 집이다. 그리고 용인 부모 산소 이장시 같이 이장한 김 전 대통령 첫 부인 연안 차씨 묘 역시 결혈지가 아닌 비혈지로 백이 편치 않아 후손에게 운이 이어지질 않는다.

따라서 대통령이 되기 위해서는 반드시 부모 산소가 명당 진혈에 모셔지는 것이 가장 중요하다.

전두환, 노태우 두 전직 대통령 역시 부모 생전에 부모가 비혈의 터에서 생활했기 때문에 어려서는 가난하게 고생을 했으나 부모가 돌아가신 후 유택이 주산의 혈맥이 모여서 결혈이 된 진혈처에 모셔지고 나서부터 비로소 돌아가신 부모 양령인 신이 본인 음령인 신과 교감하여 어려운 난관을 극복하고 연희동 진혈의 집에서 살게 하여 대통령에 당선될 수 있었다.

그러나 청와대가 주위의 고층빌딩으로 혈을 빼앗겨 산의 혈맥이 들어가지 못한 심한 비혈처인 관계로 운이 꺾이게 되어 퇴임 전 집을 증개축하자 관재를 겪고 몸에 병이 생기며 운이 꺾이게 되었다.

만일 퇴임 전에 집을 원래 상태에서 증개축을 하지 않았다면 혈이 유지됐을 것이고 진혈이 계속 유지됐다면 퇴임 후 수감되고 암이 생기는 우환을 겪지 않았을 것으로 생각된다.

지금이라도 본인이 생활하는 사저를 진혈을 처방해 바꾼다면 몸에 병이 낫고 말년에 대운을 다시 맞이하여 그 자손들도 성공하게 된다.

전, 현 대통령

■ 이승만 전 대통령

이승만 전 대통령 묘소
혈맥이 끊어져 혈이 맺히지 못한 비혈처로 후손이 패망하는 터

이승만 전 대통령 묘소
음기가 강한 비혈 흉지를 양명기석으로 처방한 후 혈이 다시 맺혀 혼백이 편안하고 양기가 가득한
결혈 명당으로 바뀐 상태(2005. 4 양명기석 처방)

■ 윤보선 전 대통령

윤보선 전 대통령 생가 앞

윤보선 전 대통령 생가 본체 앞
마을 주변의 혈이 모두 집안에 맺힘.

윤보선 전 대통령 생가 마당
진혈로 대문 앞, 마당, 마루, 방안 등 집안 전체가 양기가 가득한 대통령 나는 명당터

윤보선 전 대통령 부모 묘소(진혈)

윤보선 전 대통령 부모 묘소
부친과 모친 산소 봉분 전체가 진혈로 양기가 가득한 후손이 대통령 나는 진혈 명당이다. 봉분 사방 주위로 음기가 단 한 줄도 지나가지 않은 진혈 명당으로 꼽을 수 있다.

■ 박정희 전 대통령

박정희 전 대통령 생가 대문 앞
마을 전체의 혈이 박 대통령 생가에 맺힌 진혈처

박정희 전 대통령 생가 안
저택 본체와 마당 전체가 양기가 가득하고 냉기가 한줄도
없다. 진혈 명당

박정희 전 대통령 생가-공부방 앞
양기 가득한 진혈 명당

박정희 전 대통령과 영부인 묘소
봉분 전체 및 주변—비혈로 음기 노출. 묘역 전체가 수맥과 음기(냉기)가 가득한 비혈 흉지

박정희 전 대통령과 영부인 묘소
봉분 전체 및 주변—음기 노출. 묘역 전체가 음기(냉기)가 가득한 비혈 흉지

박정희 전 대통령과 영부인 묘소
박 대통령, 육여사 묘소 봉분 및 묘역 전체가 음기(냉기)가 가득한 흉지이고 박 대통령 묘 봉분 3m 우측 편이 결혈지로 양기가 가득한 명당이다.

박정희 전 대통령과 영부인 묘소
양명기석 처방 후 혈이 결혈된 양기로 바뀐 장면

제3부 '혈'을 바로 알고 적용하면 운명이 바뀐다 | 143

■ 전두환 전 대통령

전두환 전 대통령 생가(진혈처)
집안 전체가 음기가 한 줄도 없고 양기가 가득(명당)
2007년 10월 현재는 비혈처로 바뀜

전두환 전 대통령 부모 묘소
봉분 전체에 단 한 줄의 음기도 없고 양기가 가득한 명당. 후손이 대통령 나는 강한 양기의 혈자리

■ 노태우 전 대통령

노태우 전 대통령 생가(진혈처)
집안 전체가 음기가 한 줄도 없고 진혈의 양기가 가득한 명당
2007년 10월 현재는 비혈로 바뀜

노태우 전 대통령 부모 묘소
후손이 임금 나는 진혈 중앙에 광중이 제혈됨

■ 김영삼 전 대통령

일평생 정치가의 길을 걸었던 김영삼 전 대통령은 1927년 경상남도 거제에서 태어났다. 1954년 거제에서 26세 최연소로 제3대 국회의원에 당선되면서 정치에 입문한 뒤 1992년 제14대 대통령에 당선, 문민정부 첫 대통령에 취임했다.

그러나 정권 말기인 1997년 후반 국제통화기금(IMF)에 긴급지원을 요청, 한국경제의 파탄과 실정이 표면화되어 김대중 전 대통령에게 정권을 이양하고 말았다.

생가

김영삼 전 대통령의 생가는 경상남도 거제시 장목면 대계 해변가 어촌마을에 위치해 있으며 바다가 한눈에 보이는 대저택이다.

주역상 풍수, 지리학으로 볼 때 관산법상 주산이나 안산 등이 없는 평범한 일반 주택이나 지기학으로 보아 집안 전체가 혈이 맺힌 양기가 가득한 대통령 나는 명당이다.

실제 대문 앞에서부터 마당 몸체 주위 및 큰방은 물론 작은 방 등 방안 전체가 비혈 음기가 없고 결혈 양기가 가득한 것을 확인했다.

김영삼 전 대통령은 이곳에서 태어나서 자라고 공부했고 양기의 영향으로 태어날 때 형성된 부모 조상의 유전인자 중 우성 유전인자(조상들의 건강한 세포, 용맹성과 지혜)가 양기의 영향으로 활성화되어 태어날 때부터 지혜와 용기가 형성됐고, 대통령의 기상이 머리와 눈과 귀와 입을 통해 열리게 되어 대통령이 된 것으로 여겨진다.

김영삼 전 대통령의 생가 특징은 마당에 세로로 음기(고생줄)가 세 줄 있어 그 영향으로 청와대 입성 전 3번 낙선하고 가택연금과 테러 등 고생이 있었다고 생각된다.

김영삼 전 대통령 생가

집안 전체가 음기가 한 줄도 없고 양기가 가득한 대통령 나는 진혈 명당 집터 마당 앞에 음기가 세로로 세 줄이 있다. (고생줄)

김영삼 전 대통령 생가 큰방(진혈처)

김영삼 전 대통령 생가 작은방(진혈처)

모친 산소

마을 인근 조그만 야산에 김영삼 전 대통령 집과 바다가 내려다보이는 곳에 위치한 모친 산소 역시 관산학으로 볼 때 별 특징이 없는 평범한 산소이다.

하지만 지기학상 봉분 혈자리 전체가 음기가 단 한 줄도 없고 양기가 가득해 후손이 대통령이나 재벌이 나는 진혈의 산소이다. 실제 봉분 전체를 조사한 결과 단 한 줄의 음기도 없고 양기가 가득한 것을 확인했다. 다만 모친 묘소 우측 빈자리가 부친 묘소 자리인 것으로 보여 확인을 한 결과 비혈 음기가 있는 곳으로 확인됐다.

만일 부친이 김영삼 전 대통령의 대선 전에 지병으로 별세해 모친 우측 자리에 모셔졌다면 비혈 음기 기운이 작용해 대통령이 되지 못했을 가능성도 있었다.

따라서 이 역시 김영삼 전 대통령이 대통령이 될 사주인 것으로 생각된다. 아무래도 생가터 진혈 양기 기운이 작용했을 것으로 보여진다. 지기를 통한 하늘의 이치에 새삼 감탄하지 않을 수 없다.

김영삼 전 대통령 모친 묘소
묘소 봉분 전체에 혈이 크게 맺힌 진혈처로 양기가 가득한 명당
관산법상 좌청룡, 우백호, 주산, 안산이 없고 평범한 야산에 있는 산소이나 지리학상 대통령 나는 진혈 명당

김영삼 전 대통령 모친 묘소 우측 터
부친 모실 터(비혈 흉지), 음기 노출

제3부 '혈'을 바로 알고 적용하면 운명이 바뀐다 | 149

■ 김대중 전 대통령

김대중 전 대통령은 1925년 전라남도 신안에서 태어났다. 1960년 강원도 인제 보궐선거에서 제5대 민의원 선거에 당선되면서 정치무대에 진출한 후 줄곧 정치인의 길을 걸었다.

4번의 대통령 출마에도 불구 계속 낙선의 고배를 마시다가 1997년 제15대 대통령 선거에서 대통령에 당선됐다. 민주화와 경제발전 동시추구를 지표로 국정활동을 펼쳤던 그는 2000년 노벨평화상을 수상하기도 했다.

생가

김대중 전 대통령이 태어난 생가는 전라남도 신안군 하의도에 있으며 마을과는 조금 떨어진 외딴 주택이다. 이곳은 평범한 곳으로 볼 수 있다.

그러나 실제 조사를 한 결과 앞서 다른 전직 대통령이 태어난 생가와 같이 담장 울타리 안 집안 마당에서부터 몸체, 방안 등 집안 전체가 주위의 혈이 모두 맺힌 진혈처로 양기가 가득한 대통령 나는 명당 주택인 것으로 확인됐다.

따라서 결혈이 맺혀 양기가 가득한 방에서 잉태되어 태어나 공부하고 훌륭한 조상의 지혜가 활성화되어 대통령이 된 것이라고 할 수 있다.

특징은 마당에 세로로 음기(고생 줄)가 다섯 줄이 있다는 점이다. 이 고생 줄의 영향으로 젊어서부터 대통령 후보가 되어 박정희 전 대통령과 대통령직을 두고 선거를 치루었고 이후 몇 번에 걸쳐 대통령에 낙선했다.

김대중 전 대통령 생가 마당(진혈처)
양기가 가득한 대통령 나는 진혈 명당이나 마당에 가늘게 세로로 음기가 다섯 줄이 있는데 이는 고생줄이다.

김대중 전 대통령 생가 주변(진혈처)
양기(명당)

제3부 '혈'을 바로 알고 적용하면 운명이 바뀐다 | 151

김대중 전 대통령 생가 공부방
진혈지 양기(명당)

김대중 전 대통령 부모 묘소-합장 전
이장 전 원래 산소터(신안군 하의도 대리). 비혈처라 음기가 강하여 후손이 망하는 터

김대중 전 대통령 부모 묘소-합장
현재(경기도 용인) 이장한 산소. 봉분 전체가 진혈처로 양기가 가득한 대통령 나는 명당

김대중 전 대통령 부모 묘소(신안에서 이장)
뒷 주산 혈이 산소 봉분과 제전 주변 동서남북 4방위로 크게 맺힌 임금 나는 진혈처. 이 진혈처로 이장한 후 대통령에 당선됨

제3부 '혈'을 바로 알고 적용하면 운명이 바뀐다 | 153

김대중 전 대통령 차씨 부인 묘
경기도 용인(이장). 산에서 혈이 윗단 부모 묘에 맺히고 소혈은 3m 옆에 맺힌 심한 비혈지

김대중 전 대통령 집안 묘
산소 봉분에 음기가 강하게 노출되어 혼백이 편하지 않아 후손에게 좋지 않은 비혈 터

■ 노무현 대통령

  노무현 대통령은 1946년생으로 법조인의 길을 걷다가 대통령이 됐다. 경상남도 김해에서 태어났으며 1975년 사법시험에 합격하면서 법조계에 입문했다. 이후 인권변호사로 활동했고 2002년 12월 제16대 대통령 선거에서 대통령으로 당선됐다.

생가

  주택 전체(마당, 집안, 방안)가 결혈지로 양기가 가득한 대통령 나는 명당인 것으로 확인됐다. 실제 생가 입구에는 양기가 가득했고 마당 역시 전체가 음기는 한 줄도 없고 양기가 충만한 임금 나는 진혈처이다.
  노무현 대통령이 지냈던 방안도 비혈 음기는 전혀 노출되지 않은 반면 결혈 양기가 가득해 명당임을 증명해 보이고 있다.

노무현 대통령 생가
집안 전체가 음기가 한 줄도 없고 진혈로 양기가 가득(명당)

노무현 대통령 생가 입구
진혈지 양기(명당)

노무현 대통령 생가 방
진혈지 양기(명당)

산소

　노무현 대통령의 양친을 모신 산소 역시 외관은 평범하지만 4방위로 주산의 혈이 크게 맺힌 후손이 대통령 나는 양기가 봉분 전체에 가득한 진혈지 명당으로 사진 촬영이 허락되지 않아 산소 바로 위쪽에서 확인만 했다.

　일단 부모 묘소 입구에는 양기가 가득했으며 봉분 전체에도 다른 역대 대통령 부모의 묘소와 동일한 양기가 충만한 진혈지 명당인 것을 확인했다. 또한 부모 묘소 2m 위쪽에서 조사했을 때도 양기가 가득했다.

노무현 대통령 부모 묘소 입구(혈맥이 산소로 향함)

노무현 대통령 부모 묘소 봉분 2m 위
부모 산소가 진혈지로 양기가 가득한 명당(다른 대통령 부모의 묘소와 동일). 경비 때문에 촬영은 못하고 확인만 했다.

제3부 '혈'을 바로 알고 적용하면 운명이 바뀐다 | 157

전, 현 대통령 후보

필자는 천기비법으로 전, 현 대선 후보들의 부모 산소터를 조사하였다. 필자와 전국의 천기비법을 전수받은 제자들은 후보들의 생가와 부모 산소터 자리의 결혈 상태만 확인하고도 어떤 사람이 대통령에 당선될지 미리 알 수 있다.

그러나 선거법 등 현행 법적 관계 때문에 그 후보가 누구인지 책으로 밝힐 수는 없고 그 중요성만 밝히고자 한다. 전편 〈이종두의 음양지기〉나 전장 '대통령편'에서 밝힌 바와 같이 대통령이 되기 위해서는 다음의 조건이 맞아야 한다.

조상 산소

기존의 풍수지리학자를 비롯한 연구가들은 후손 대에서 임금이 나는 조상 유택 터인 산소자리를 조상 영과 후손 영의 교감에 영향을 미치는 결혈과 비혈의 작용 원리에 대하여 명확하게 설명하지 못한다.

다만 막연하게 추측과 짐작으로 기존에 알고 있는 풍수지리학을 절대 진리인 양 착각하여 자신의 견해를 피력하는 경우가 대부분이다.

필자는 인간 운명의 메커니즘 원리를 지혜로 깨쳤기에 대통령이 되는 이치와 조건을 명확하게 알고 있다.

조상 유택이 후손에 미치는 영향은 무엇보다 조상 영과 후손 영의 교감에 기인한다. 이 영의 교감은 1대에 한해서만 교감이 이루어지고 영향이 지대한 반면 2~3대에 걸쳐서는 교감과 영향이 끊어져 미미하다.

다시 말하면 대통령 후보의 생존한 부모의 음령인 신(神)이 후보 자신의 음령인 신(神)과 교감에 의하여 대통령 선거 당락을 결정하는 것이지, 조부모와 중조부모 유택 터는 후보 자신의 대통령 당락에 영향을 주는 게 아니라 후보 부모 명운에 영향을 미치는 것임을 명심하기 바란다.

실례를 들면 역대 대통령들은 부모 생존시 조부모 유택이 비혈인 경우 비혈 음기의 영향으로 그 조부모 백이 편치 않게 되어 조부모 양령인 신(神)이 부모 음령인 신(神)과 교감하여 운이 발복되지 않는 비혈의 터에서 생활하는 바람에 어렵고 힘들게 살아왔다.

그러다 왕운이 미치면 부모가 돌아가신 후 후손에게서 임금이 나는 진혈인 결혈처에 유택이 좌정되어 결혈지의 따뜻한 양기의 영향으로 돌아가신 백이 사후에 임금의 자리에 오르게 되고 그 부모 양령인 신이 자식의 음령인 신에게 영향을 미쳐 임금이 되는 결혈처의 집에서 생활하게 하여 대통령이 되게 한다.

박정희, 전두환, 노태우, 김영삼, 김대중, 노무현 대통령들이 실제로 이런 경우를 통해 대통령이 된 사례다.

특히 김영삼 대통령의 경우 조부모 유택자리가 결혈처에 들어 그 부친이 선주로 성공적인 생활을 했고 모친 역시 사후에 현재의 결혈처 산소에 모셔져 아들에게 대운이 미쳐 대통령이 되었다.

필자가 조사한 바에 따르면 김영삼 대통령 모친 산소터는 가로, 세로 수맥이 지나가고 풍수지리학상 관산학으로 보면 주산에서 내려오는 끝자락 해안가 밭 옆의 자리로 주산으로부터 래용이 도로로 인하여 끊어졌다.

청룡과 백호가 없고 좌우 수거 역시 없으며 도저히 명당이라 할 수 없는 터이다. 그러나 주위 산을 비롯한 사방위의 혈맥이 정확하게 산소 중앙에 맺힌 결혈처 안에 재혈되어 임금이 나는 진혈지이며 옆의 부친 산소자리는 심한 비혈지이다.

만일 선거 전에 부친이 돌아가셔서 모셔졌다면 대통령에 당선되지 못했을지도 모른다. 태어난 생가터도 임금이 되는 진혈처이고 대선 직전 부친께서 지병으로 돌아가신다 했으나 하늘이 도와 돌아가시지 않았기 때문에 대통령에까지 당선되었다.

대통령(임금)은 하늘이 본인의 생가와 부모 선영, 본인이 거주하는 양택(집, 선거

사무실)에 혈(穴)을 통하여 내리고 만든다.

2007년 12월 19일 대선은 하늘이 천지개벽을 시켰다.

하늘이 지금까지는 역대 전 대통령 생가와 선영, 양택(집)의 혈(穴)을 유지하면서 새 대통령 생가와 부모 선영(산소), 본인의 집에 진혈을 맺히게 하여 새 임금(대통령)을 내렸다. 그런데 이번 대선은 역대 지난 대통령 생가와 부모 산소, 본인 주택의 혈을 모두 빼고 심한 비혈로 바꾸어 새 대통령 부모 산소와 양택에 진혈을 크게 모아 내려서 새 대통령을 만들었다.

사실

1. 구미 박정희 전 대통령 생가는 2007년 생가 안에 새 건물이 하나 준공되면서 혈이 빠져 현재는 심한 비혈로 바뀌었으며, 결혈이 생가에서 이동하여 생가 입구 공중화장실 앞 잔디밭에 맺혔다.
2. 합천의 전두환 전 대통령 생가와 부모 선영(산소)도 역시 2007년 5월에 결혈이 이동하여 심한 비혈로 바뀌어, 생가와 부모 산소에 냉기가 가득하고 진혈의 황금빛 잔디가 녹아서 시커멓게 변하였다.
3. 대구 팔공산 자락의 노태우 전 대통령 생가와 부모 산소 역시, 2007년 6월에 결혈이 빠져 부모 산소 봉분 및 제전이 잔디가 죽고 수맥의 영향으로 이끼가 올라와 외관으로도 혼백이 편치 않은 비혈로 바뀌었으며, 생가 역시 결혈이 빠져 심한 비혈로 바뀌어 있다.
4. 경남 거제의 해안가 김영삼 대통령의 생가와 부모 선영(산소) 역시 심한 비혈로 바뀌었으며, 생가 혈은 생가 뒤 주산이 도로공사로 단절되면서 혈맥이 끊어져 혈이 빠졌고, 선영은 아버지가 비혈의 자리에 광중이 제혈되면서 혈맥이 이동하여 모친 산소까지 혈이 빠져 버렸다.
5. 노무현 전 대통령의 부모 선영(산소) 역시 산소 뒤 주산 자락의 지형이 공사로 인하여 훼손(절단)되면서 결혈이 빠져 비혈로 바뀌었다.

이 모든 상황들이 혈을 모르는 무지에서 발생한 일이고, 안타까우나 혈은 하늘이 운행하는 일이라 하늘의 뜻이라 생각한다.

■ 이명박 대통령

이명박 대통령은 2007년 11월 14일까지는 하늘이 내린 대통령이 아니었다.

허나, 2007년 11월 14일 대선 35일을 남겨놓고 하늘이 이명박 대통령 부모 선영(산소)에 진혈을 맺히게 하여 대통령으로 당선되게 하였다.

이명박 대통령의 부모 산소는 합장묘로 묘역 조성이나 외관상으로는 좋은 터이다.

이명박 대통령 부모 산소는, 2007년 11월 14일까지는 부모 합장묘 자리가 이상 득 국회부회장인 형과 본인 자리에만 혈이 들어와 성공하는 자리였고 임금이 나는 진혈은 아니었다.

그러나 2007년 11월 14일, 이명박 대통령 부모 선영에서 약 1km 떨어진 인근의 경기도 이천시 호법면 후안리 산 53-4번지 김대식씨 소유의 산에 있는 김대식씨 부

주산의 혈맥이 청룡(아들)쪽 2남, 3남의 자리에 혈(양기)이 들어와 맺혀 있다.

모 산소와 할머니 산소의 묘역을 정비하면서 크게 혈맥이 이동하여 진혈이 맺히게 되고 , 이명박 대통령 부모 산소가 그 혈맥 안으로 들어가면서 비혈이 진혈로 바뀌었다.

이 영향으로 대통령에 당선된 것이며, 이 역시 하늘이 혈을 통하여 임금을 내린 것이다.

이명박 대통령 부모 산소에 진혈이 맺힐 때 역대 대통령 선영, 생가의 혈이 빠졌고, 그 크기는 모두 합쳐서 이명박 대통령 부모 산소에 크게 내렸다.

이명박 대통령 부모 산소의 봉분이 수맥파장과 비혈(음기) 기운 때문에 이끼가 올라오고 잔디가 녹아서 시커멓던 봉분이 엄동설한인데도 결혈의 양기 기운이 이끼를 점차 녹이고 잔디가 노랗게 머리를 밀고 살아서 올라왔고, 이명박후보는 새 대통령에 당선되게 되었다.

제3부 '혈'을 바로 알고 적용하면 운명이 바뀐다 | 163

이명박 대통령 부모 산소에 예를 올리는 이종두 회장과 김대식씨 부부

산소에 진혈이 들어가 맺힌 상태를 확인하는 이종두 회장과 김대식씨 부부

2007년 11월 14일 진혈이 맺혀 양기가 가득한 묘역

혈이 맺혀 이끼를 녹이고 잔디가 올라오는 것을 확인하는 장면

제3부 '혈'을 바로 알고 적용하면 운명이 바뀐다 | 165

이명박 대통령의 부모 산소에 혈이 크게 맺혀 봉분의 따뜻한 기운을 확인하는 장면(2008. 1. 10)

■ 이회창 후보

　이회창 후보의 예산 부모 선영은 원래가 후손이 임금 나는 진혈이 아니었으나, 필자의 저서인 「천기비법」에서 발표하였듯이 2007년 6월에 윗대조 9분의 산소를 부모 산소 상단에 이장하여 모시기 위하여, 주봉에서 내려오는 볼록한 능선을 절개하는 순간에 단절되었던 주산, 청룡, 백호, 안산 4방위의 혈맥(용)이 살아나 부모 산소 봉분과 제전 및 주위까지 크게 결혈이 맺힌 진혈로 바뀌었다.

　이날부터 혈이 맺혀, 산소 봉분 및 제전까지 결혈 영역 안의 잔디가 다시 짱짱하게 살아나 2007년 11월 8일까지 노란 황금빛으로 보기 좋게 살아나 있었다.

　그러나 안타깝게도 2007년 11월 8일 이회창 후보 부모 산소에서 약 10km 떨어진 충남 예산군 대술면 능리 137번지 소재의 김재명, 김재헌씨 산의 혈맥이 변경되면서 이회창 후보 부모 산소에 맺혔던 진혈이 산소 묘역 하단으로 이동하여 빠지면 비혈로 바뀌었다.

이 때문에 이 날로부터 산소 봉분 및 제전에 결혈의 양기 영향으로 수맥파장 및 유해 기운을 중화시켜, 잔디가 11월 8일까지 엄동설한에도 노란 황금빛으로 짱짱하게 살아 있던 것이 혈이 빠진 11월 8일부터 비혈로 바뀌어 산소가 수맥의 영향인 이끼가 다시 올라오고, 잔디가 비혈(음기) 영향으로 녹아 봉분 및 묘역 주변이 시커멓게 변했다.

윗대조 산소 9기를 이장하여 주산과 청룡, 백호의 끊어진 혈맥이 다시 연통이 되어 진혈로 바뀜
(2006년 3월 말 조사 당시 비혈 상태의 장면)

이 때문에 이회창 후보는 대선을 40일 남겨놓고 부모 선영의 혈이 빠져 낙선한 것이다.

이 역시 하늘의 뜻이리라!

부모 산소 위 상단에 2007년 6월경 윗대조 산소를 이장한 장면

산소 앞 안산에서 진혈이 들어오는 장면을 제자들에게 설명

진혈의 산소는 땅에서 따뜻한 기운이 손바닥에 느껴진다

산소 청룡 쪽의 혈맥이 산소로 들어가 맺히는 장면

제3부 '혈'을 바로 알고 적용하면 운명이 바뀐다

산소 백호 방향에서 혈이 들어와 맺히는 장면

산소에 혈이 빠져 봉분의 잔디가 죽고 이끼가 올라오는 장면

혈이 빠져 결혈의 위치를 확인하는 장면

■ 정동영 후보

정동영 후보는 2007년 4월까지 하늘이 내린 임금이었다.

허나 전남 순창의 정동영 후보 부모 선영을 2007년 4월에 묘역을 정비하면서 산소 뒤 바위를 검은 차광망으로 덮고, 산소 뒤 주산에서 산소 봉분으로 물이 내려올까 봐 청룡, 백호, 주산 쪽으로 땅을 파서 산소 주위에 수거(도랑)를 냈다.

이 순간 주산과 청룡, 백호, 안산 4방위의 혈맥이 모두 끊어져 산소로 들어오던 혈맥(용)이 이동하여 심한 비혈로 바뀌었다.

이 영향으로 민주당과도 단일화에 실패하여 낙선하고 정권이 바뀐 것이다.

이는 안타까운 일이며, 자연의 원리와 이치를 모르고 외관에 치중하는 기존의 풍수지리 학문(관산, 침반)의 맹점 탓이며, 이 역시 하늘의 뜻이다.

분명히 말하여 2007년 4월에 순창 정동영 후보 부모 선영을 정비하지 않고 그대로 유지하였다면 대통령이 되었을 것이다.

정동영 전 의장 부모 산소 터(2006년 3월 조사)

정동영 전 의장 부모 묘소, 묘소 주변 및 봉분 주위(2006년 3월 조사)

정동영 전 의장 부모 산소 감정 진단 장면

정동영 전 의장 부모 산소 감정 진단 장면

제3부 '혈'을 바로 알고 적용하면 운명이 바뀐다

정동영 전 의장 부모 산소를 세부적으로 감정하는 장면(산 위에서 혈맥을 상세 조사)

▬▬ 재벌이 되는 비결

인간은 누구나 잘 먹고 잘 살기를 원한다. 한평생 살면서 한번쯤은 큰소리치며 자신이 하고 싶은 것을 누리며 사는 부유한 삶을 꿈꾼다. 필자의 재벌이 되는 비법은 다음과 같다.

첫째, 재벌이 되기 위해서는 반드시 살아계신 부모가 대재가 되는 명당 결혈처의 주택에서 생활해야 한다. 결혈처의 자리에서 생활하는 부모 음령인 신이 후손의 음령인 신과 교감에 의해 같은 집에서 살든 따로 독립해 생활하든 자식으로 하여금 대재가 되는 명당 결혈 자리인 집터에서 살게 해야 한다.

또한 결혈처의 자리에서 사업을 하게 되어 돌아가신 조상 중 천석꾼 만석꾼 부자 조상의 재를 모으는 지혜를 열리게 하면 재벌로 성공할 수 있다.

둘째, 돌아가신 부모 유체가 반드시 후손에게서 재벌이 나올 수 있는 명당 진혈의 결혈 자리에 광중이 재혈되어야 한다.

명당 결혈처의 중앙에 부모의 시신이 안장되면 돌아가신 부모 혈의 영향으로 사후에 대재가 된다.

부모의 양령인 신이 자식의 음령인 신과 교감해 시공을 초월하여 자식으로 하여금 재벌이 되는 명당 결혈처의 집과 사업장 터에서 생활하게 하여 재산을 모으는 지혜를 열리게 하고 재벌이 되도록 영향을 미친다.

따라서 부자가 되고 싶다면 살아계신 부모가 반드시 결혈처의 집에서 생활할 수 있도록 하거나 돌아가신 부모를 결혈 자리에 모셔야 한다.

만일 부모가 비혈의 집에서 생활하고 있다면 부모 음령인 신이 자식의 음령인 신과 교감하여 자식으로 하여금 비혈처의 집과 사업장 터에서 생활하게 하여 실패를 하거나 폐망하게 한다.

  비혈의 집에서 살게 되어 살아 있을 때는 자식의 운을 막고 있던 부모가 돌아가신 후 진혈의 결혈 자리에 유체가 묻히면 비로소 자식의 운이 열리게 되어 자식이 재벌로 성공할 수 있는 길이 열리게 된다.

  사람이 사는 집과 땅, 사업장 터는 우연히 본인이 거주하게 되는 것이 아니라 본인의 운과 필연적으로 같이 하는 사주판이다. 그리고 누워 자는 자리는 그 사람 본인의 몸의 사주와 정확하게 일치한다.

  본인이 생활하는 집, 사업장, 소유부동산의 모든 터의 결혈, 비혈은 한번 정해졌다고 해서 고정되는 것이 아니라 본인의 운과 함께 이동한다고 보면 된다.

  누구든지 사람이 죽는 것은 가족과 자식의 운이 바뀔 때가 된 것이고, 이사를 하거나 집을 수리하고 대문 위치를 이동할 때도 운이 바뀌는 때요, 잠자리와 침대 위치를 바뀔 때도 몸의 운이 바뀔 때가 되어 하는 것이요, 자식이나 부모가 방을 바꿀 때도 운이 바뀔 때가 되었기 때문이다. 새로운 사업을 시작하거나 사업장 장소를 옮길 때도 우연이 아니라 운이 바뀔 때가 되어서 그렇게 하는 것이니 명심하고 결혈처를 유지하라!

  재벌이 되기 위해서는 아래 조건을 충족시키는 게 무엇보다 중요하다.

① 살아 있는 부모집이 결혈처의 자리여야 한다.
② 돌아가신 부모 산소가 결혈처의 자리에 모셔져야 한다.
③ 생활하는 집이 진혈의 결혈처에서 생활해야 한다.
④ 사업장 터가 반드시 결혈처의 자리에 있어야 한다. 역대 재계 회장의 거주지와 가계도를 조사해 보니 예외 없이 위 조건에 꼭 들어맞는 사람만 재벌이 됐다.
⑤ 위 조건이 완성되면 태어난 생가에 결혈이 맺히게 된다. 따라서 혈은 사람 운에 따라 터와 함께 이동하게 된다.

대재가 성하는 길, 망하는 길

　재벌의 명망을 자손대대로 유지하기 위해서는 다음의 조건을 충족시켜야 한다. 우선 부모 산소가 반드시 진혈의 결혈처에 계속적으로 모셔져야 한다. 또 사는 집이 반드시 진혈의 결혈처로 유지되어야 한다.

　모든 사업장 터는 반드시 진혈의 결혈처 자리에 유지되어야 하고 본인 형제와 배우자 자식의 유체가 진혈의 결혈처에 모셔져야 한다. 이 같은 조건에서 한 가지라도 들어맞지 않는 부분이 있다면 운이 다해 그 집안은 기울기 시작한다.

　크게 성공을 이루었다가 폐망한 기업을 예로 보면 더욱 확실히 알 수 있다. 이런 기업은 결혈처인 자리에 있는 부모 산소를 한 분이라도 비혈처의 자리로 이장한 경우 또는 산소를 이장하지 않더라도 산소 뒤편을 수로를 파서 산의 혈맥을 끊은 경우가 이에 해당한다.

　배우자나 형제의 유택이 비혈처의 자리에 묻힌 경우, 진혈처의 집에서 비혈처의 집으로 이사하거나 증·개축하여 혈맥이 끊어진 경우, 진혈 사옥터에서 비혈지의 땅으로 본사 사옥이나 공장을 이전한 경우 등도 이 범주에 해당한다.

　〈이종두의 음양지기〉에서 필자가 직접 조사한 결과를 밝혔듯 대우, 거평, 한보, 국제, 삼풍, 기아 등의 폐망한 기업들은 사옥과 사주의 집 혈맥이 끊겨 돈줄이 끊어져 있었다.

　따라서 재벌이 폐망하지 않기 위해서는 집과 사업장, 부모 유택, 배우자·형제의 유택 자리를 무엇보다 소중히 여겨야 한다.

　정확하게 결혈처를 찾아내기 위해서는 필자를 비롯해 필자에게 천기비법을 전수받은 전국의 〈천기아카데미〉 제자들의 도움을 받아 결혈을 유지하는 준비도 필요하다. 이런 마음가짐을 갖춘다면 자손대대로 소중하게 일군 재물을 잃지 않고 유지할 수 있게 된다.

간혹 부도가 나서 폐망한 기업가도 필자의 도움을 받는다면 폐망한 원인을 정확하게 짚어낼 수 있다.

기업이 망할 수밖에 없는 근원을 제거하고 부모 유택과 자택, 사업장에 대재가 되는 진혈로 바꾸는 비책을 실시하면 수년 안에 다시 기업을 부흥시킬 수 있게 된다.

필자는 돌아가신 어머님의 화장한 유체가 진혈에 모셔지고 나서부터 하늘의 천기와 천지 대우주의 눈에 보이지 않는 혈맥과 결혈이 어디로 가서 어디에 맺혀 있는가를 정확하게 알 수 있는 능력을 가지게 되었다.

그 맺힌 혈을 비법으로 결혈을 다른 곳으로 이동시키고 기도를 통해 누구든지 운을 막고 있는 조상과 도와주는 조상이 누군지 혼을 초청하여 원인을 정확하게 알아내고 운을 막고 있는 조상의 백을 편안히 안주하게 하여 근원을 제거하고 후손을 발복시키는 능력 또한 갖출 수 있었다. 누구든지 필자의 도움받기를 희망한다면 필자의 이 능력을 직접 눈으로 확인하고 시험해 보기 바란다.

대한민국과 재벌과 혈의 관계

삼성그룹

필자가 삼성그룹의 관계되는 터를 천기비법으로 조사해 보니 고 이병철 회장의 생가와 생활하던 대구를 비롯해 생존 당시 생활한 집 주위의 혈맥이 전부 집안으로 들어가 맺힌 결혈처의 주택에서 살아왔음을 알 수 있다.

고 이병철 회장의 부모 이장 전(前) 의령 산소터와 이장 후(後) 시흥소재 유택터 역시 후손이 대재가 되는 동서남북으로 산의 혈맥이 봉분으로 들어가 크게 맺힌 결혈처의 자리에 안장되어 있다.

회사의 위치 역시 삼성 본관을 비롯한 고 이병철 회장 생존 당시의 전국 모든 사업장 터에 혈맥이 들어가 맺힌 결혈처의 자리에 자리잡고 있다.

그러나 안타깝게도 고 이병철 회장 사후 용인 에버랜드 안에 있는 유택이 결혈처의 위치에서 벗어난 비혈처의 자리에 안장되었다.

이 영향으로 고 이병철 회장 양령인 신이 자식인 이건희 회장 음령인 신과 교감하여 이건희 회장으로 하여금 비혈의 터인 한남동 자택에서 생활하게 하여 잠자리 역시 심한 비혈처로 부친의 폐암 유전인자가 활성화되어 건강상 영향을 미치게 됐다.

편치 않은 고 이병철 회장의 유택인 산소 근원이 해결되지 않아 현재 거주하는 이태원 사저 역시 심한 비혈처로 음기 영향으로 본인은 물론이고 가족이 우환을 겪을 수 있다.

이런 상태가 지속되면 김승연 회장처럼 관재의 위험에 노출될 수 있고 명당인 삼성 본관 사옥을 비혈처인 강남으로 이전하고 있어 경제적인 타격까지 우려되고 있다.

이런 점 때문에 하늘이 내린 운을 지금까지 이어왔던 이건희 회장 일가의 건강과 앞날의 운명을 염려하지 않을 수 없게 되었다.

필자가 이렇게 구체적으로 사건을 책을 통하여 밝힌 것은 절대로 개인적인 사심에 의한 것이 아니다. 삼성그룹은 대기업의 선두주자로 국가의 경제를 책임지고 있는 기업인만큼 이곳이 흔들리면 국민경제까지 영향을 받을 수 있다는 염려에서 비롯된 것이다.

혹시라도 이 책을 접하고 본인이나 가족, 삼성 관계자들이 필자에게 도움을 요청한다면 눈으로 확인할 수 있는 정확하고 확실한 비법을 통해 결혈을 이동시켜서 기업의 대운을 바꿀 수 있는 길이 열리길 바랄 뿐이다.

명당 진혈의 결혈처로 바꾸면 가족 전체의 삼재우환의 근원을 제거할 수 있고 건강을 다시 되찾는가 하면 운을 발복시켜 가문대대로 삼재우환 없이 대재를 유지시키는 데 도움을 준다.

현대그룹

현대 창업주인 고 정주영 회장은 일찍이 어려운 시절을 보낸 것으로 잘 알려져 있다. 정 회장의 경우 조부모 유택터가 비혈처인 관계로 백이 편치 않은 조부모 양령인 신이 고 정주영 명예회장의 아버지 음령인 신과 교감하여 비혈처의 양택에서 생활하게 하여 가난과 고생을 할 수밖에 없었다. 이 때문에 어릴 때부터 적지 않은 고생을 했다.

그러나 부모가 돌아가신 후 대재가 나는 명당 진혈처에 유체가 모셔진 후부터 백이 편해진 부모 양령인 신과 본인의 음령인 신의 교감에 의하여 대재가 되는 자택, 사옥, 회사, 모든 터 자리가 진혈의 명당 결혈지에서 생활하게 하여 대재를 이루고 대선에까지 도전할 수 있었다.

하지만 고 정주영 회장이 사후 하남시 소재의 유택자리가 결혈처가 아닌 비혈처로 산소자리가 일부 자식(정몽준)의 자리에만 소혈이 들어오고 있다.

이 때문에 백이 편치 않는 자리에 위치한 자식은 사저와 사무실, 사업장이 비혈처의 자리에서 생활하게 하여 관제와 우환을 겪으며 기업의 미래를 밝게 내다볼 수 없는 처지에 이르렀다.

전편에 밝혔듯이 자살한 고 정몽헌 회장이 거주하던 집, 집무실 등은 심한 비혈처이고, 양재동 현대·기아 자동차 사옥 역시 심한 비혈처인 관계로 관제를 겪고 있으며 오너 일가의 건강이 걱정스럽고 기업의 장래까지 무척 염려스럽다.

이 역시 국가 장래를 위하여 필자가 2006년 현대그룹 관계자를 통하여 도움을 줄 것을 제의하였으나 그 일가 분들의 운이 때가 되지 못하여 하늘의 뜻으로 현재까지 도움을 줄 수 없어 안타깝게 생각하는 바이다.

효성그룹

효성그룹은 창업주 회장의 유택자리가 비혈처로 이로 인해 현재 회장 사저와 이전한 마포소재 사옥터 역시 심한 비혈처이다.

효성 역시 비혈처의 자리에서 계속적으로 기업이 운영되면 사주를 비롯한 임직원·종사원들의 눈과 귀와 지혜가 닫히게 되어 기업의 발전에 저해가 된다.

이전하기 전 서소문 사옥터는 결혈이 크게 맺힌 명당터로 그 명당 사옥을 매각하고 비혈처인 현재의 마포 사옥으로 이전한 것이 결국 우연이 아니라 오너 일가의 운이 작용하여 하늘의 뜻으로 이전하였다고 여겨진다.

국제그룹

용산에 위치한 국제그룹 사옥은 심한 비혈처로 이 터 역시 한보나 동아, 기아, 거평, 대우터처럼 음기가 심한 자리였다.

이처럼 심한 비혈처의 자리에 사옥이 있게 되면 사옥 내부에 가득한 음기의 영향으로 그 사무실에서 근무하는 직원들에게까지 좋지 않은 영향을 미친다.

부모 조상으로부터 유전적으로 물려받은 성격, 지각 판단력이 실패한 조상의 기질이 발동하여 성공한 조상의 올바르고 지혜로운 성격 기질이 닫히게 되어 눈과 귀가 닫히고 판단이 흐려져 폐망하게 만든다.

　일전에 수백억 원의 돈을 주고 새로 매입해 입주한 그 기업도 눈에 보이지 않아 기존의 풍수지리 학문으로는 알 수 없는 혈맥과 결혈처를 잘못된 풍수지리 전문가의 도움을 받았다면 이 역시 그 기업의 장래가 염려스럽다.

　필자는 국제그룹 사옥터를 심한 비혈처로 진단했고 건물 안의 일부 사무실엔 소혈이 맺혀 있는 것도 확인했다.

　따라서 이 사옥을 명당으로 바꾸기 위해서는 필자의 '천기비법'으로 결혈을 이동시켜 명당터로 바꾸어야만 한다.

■ 삼성 본관

삼성 본관 입구(남대문 앞)
현관 앞—양기 가득. 입구는 물론 내부 전체가 음기가 없고 진혈처로 양기가 강한 성공하는 명당터

강남 서초 신사옥
비혈로 염려되는 터

제3부 '혈'을 바로 알고 적용하면 운명이 바뀐다 | 183

■ 삼성생명

　삼성생명 사옥은 삼성 본관 오른쪽에 자리잡고 있다. 삼성생명 역시 주인되는 분의 부모 산소터가 진혈의 명당이고 그 분의 집터가 재벌이 나는 터에 살고 있을 당시에 선정한 터다. 실제 사옥 전체에 양기가 가득한 진혈의 명당이며 성공하는 터인 것으로 확인됐다.

삼성생명 사옥
입구(현관 앞)-양기 가득(명당). 사옥 입구와 내부 전체가 진혈처로 양기가 강한 부자되는 터

■ 롯데그룹 본사 사옥

서울 소공동 롯데호텔 옆에 위치한 롯데그룹 본사 사옥 역시 출입구와 사옥 내부 전체에 양기가 가득하고 음기가 한 곳도 없는 진혈의 명당이자 성공하는 터이다.

롯데그룹 창업주인 신격호 회장이 하늘이 내린 부자의 조건을 갖춘 터에서 태어나 재벌되는 집에서 거주하며 재운이 왕성할 당시에 선정한 곳이라 우환이 생기지 않고 편안하며 재물이 들어와 밖으로 새지 않는 명당이다.

롯데 본관
현관 입구-양기 가득(명당). 사옥 전체가 양기가 강한 진혈의 성공하는 터. 롯데는 전 사업장이 큰 부자되는 명당터

■ **롯데호텔**

롯데호텔 소공동 터 역시 지기가 양기가 가득한 진혈의 명당으로 조사됐다.

롯데호텔
내부-양기 가득(명당). 재벌되는 진혈의 명당터

■ 현대그룹 사옥

　현대그룹 사옥 부지는 주변과 출입구(현관)를 조사한 결과 인왕산에서 내려온 혈맥이 사옥으로 들어가 크게 맺힌, 재물이 들어가고 밖으로 새지 않는 명당이다. 사옥 내부를 저자가 감정한 결과 건물 우측에서부터 3/4이 양기가 올라오는 명당이고 좌측 1/4 부분은 음기가 올라오는 터이다.

　그리고 그 음기가 강한 곳의 위층에 정몽헌 회장 집무실이 위치하고 있었으며 현재 어떻게 사용하는지는 알 수 없다.

　이처럼 음기가 일부 있으면 그 음기 노출장소에 계신 분이 안 좋고 회사는 양기 기운으로 계속 성공하나 가끔씩 우환이 생긴다.

현대그룹 본사 사옥(저동)

현대그룹 본사 사옥(결혈처)
현관 입구-양기 가득(명당). 내부-양기 가득(명당). 건물 내부 좌측 끝 일부분 심한 음기 노출상태

제4장

재벌, 이렇게 하면 될 수 있다

대재는 하늘이 내린다

　대재는 하늘이 내리는 법이다.
　예전부터 큰 부자의 탄생 설화를 보면 마을이나 부락에 한 사람의 큰 부자가 탄생하기 위해서는 3년 가뭄과 홍수가 오고 대재가 새로이 탄생하는 순간에 대재 주변의 부락이나 마을의 모든 사람들의 기운이 큰 부자의 집으로 집중되는 공통점이 있다.
　하늘이 내린 부자가 탄생하는 순간 주위의 모든 사람들은 반대로 재운이 꺾여 오히려 가산이 기울고 빈궁해졌다. 사람의 운은 서로 뺏고 빼앗기는 우주 자연의 법칙이 적용되기 때문이다.
　결과적으로 보면 한 명의 대재가 탄생하기 위해서는 1천 명, 1만 명의 재운이 하늘이 내리는 부자 한 사람에게 집중된다는 이치로 큰 부자에게는 하늘이 내린 행운이요, 주변의 사람들에게는 불행한 일이 아닐 수 없다.
　망하는 것도 하늘의 뜻이다. 폐망한 기업가들은 다시 기업을 재건하기 위해 엄청난 노력을 기울인다. 하지만 다시 예전의 부와 명성을 되찾고 본인의 뜻대로 되지 않는 것은 필자와 같이 이치를 깨친 사람이 없었기 때문이다.
　근원적인 비법으로 기운을 다시 살리지 못하였기 때문에 본인들은 필사의 노력을 한다고 하지만 운이 발복하지 못하고 오히려 날이 갈수록 쇠해져 몸 또한 병이 오고 우환이 닥치게 된다. 이렇게 하늘의 뜻으로 기업이 망할 기운에 들어서면 운을 바꾸지 않는 한 재기의 기회를 상실하고 만다.
　필자와 인연이 되는 것은 하늘의 뜻이다. 필자가 혈을 이동하여 임금 대재를 만드는 것 또한 하늘의 뜻인 것이며 하늘이 내린 때가 온 사람만이 필자의 도움을 받아 임금 대재의 기회를 잡을 수 있으리라고 생각한다.

　물론 누구나 필자에게 도움을 요청한다고 해서 모두 대재가 될 수 있는 것은 아니다. 마음이 삿되고 바탕이 없는, 하늘이 내리지 않은 사람은 하늘의 뜻에 따라 필자는 인연을 맺지 않는다.

　우리나라 국가경제를 위해 필자는 하늘의 뜻에 따라 순리대로 필자의 명이 다하는 날까지 본연의 임무를 수행할 뿐이다.

대재가 되는 조건

사람의 운명은 현재 살고 있는 집으로 가늠해볼 수 있다. 집의 형태와 여러 가지 조건을 따져보면 집은 그 사람의 운명을 알 수 있는 사주판이다.

주위 사방의 혈이 집중되어 대문으로 들어와 안방에 누워 자는 자리를 포함하여 거실과 집안 구석구석까지 결혈이 맺혀 있는 집에서 사는 사람만이 대재가 될 수 있다.

지금까지는 세상이치라는 것이 인간의 운명을 숙명적으로 받아들이는 게 일반적이었다. 미리 운명을 알 수 없다고 생각했기에 눈에 보이지 않는 돈줄인 혈맥이 어느 집으로 들어가 어떤 크기로 어느 위치에 결혈되어 있는가의 여부에 따라 하늘이 내린 대재가 탄생하였다.

그러나 세상은 변했다. 이제 인간의 운명은 스스로 개척하고 살아가는 시대가 되었다. 필자가 지니고 있는 능력을 통해 일반 사람들도 눈에 보이지 않는 돈줄인 혈을 과학적으로 찾아 활용할 수 있게 되었다는 말이다.

또한 필자가 개발한 천기비법을 통해 임의로 혈을 이동시킬 수 있게 됐다. 대재가 되기 위해서는 누구든지 본인이 생활하는 집에 진혈이 대문을 통해 집안으로 들어가 거실과 안방에 결혈되어야 한다.

필자가 큰 부자들이 사는 집을 조사해 보니 명확하게 구분되는 특징이 있었다. 이에 따르면 그 동네 주변의 돈줄인 모든 혈맥이 다른 사람 집으로는 들어가지 못하고 대재의 집으로 집중되어 있음을 알 수 있다.

혹시라도 본인이 망할 운이 됐는데 대재가 사는 동네로 이사하게 되면 새로 이사한 집에 들어가는 순간 본인의 집의 혈이 대재의 집으로 이동해 재운을 빼앗겨

서서히 망하게 된다.

주변에 이러한 사람들이 늘어갈수록 대재는 주위 사방의 모든 사람들의 재운을 받게 되어 날이 갈수록 재가 불어나 대재가 되는 것이다.

'혈'은 명줄이요, 돈줄이요, 운줄이다.

누구든지 대재가 되기를 희망한다면 필자의 도움을 받아 본인이 사는 집으로 진혈을 이동시켜 처방받으면 혈이 들어온 순간부터 기운이 발동하여 당대의 대재가 될 수 있다.

그렇다고 해서 필자가 한 사람의 대재를 만들기 위해 주변 사람들의 운을 모두 빼앗는 처방을 하는 것은 아니다.

필자에게는 처방을 할 때 원칙이 있다. 한 동네에 동시에 20명을 처방하더라도 20명 전체가 서로 뺏고 빼앗기지 않도록 한다.

이들 모두에게 길이나 화단 등 공지(空地) 맹지(盲地)의 불필요한 곳의 혈들을 이동시켜 처방해 모두 기운을 받을 수 있게 한다. 한 마을에 수많은 사람을 처방하더라도 진혈의 집으로 바뀐 사람 모두가 대재가 될 수 있다는 말이다.

자연의 원리로 볼 때 대재는 이룰 수 있지만 몸이 다치는 운에 있는 사람이 있다. 이러한 경우 이 사람이 사는 집 대문을 통해 큰 혈맥이 들어가 거실 안방까지 결혈되어 있으나 누워 자는 잠자리가 비혈인 자리에서 자는 사람이 이에 해당된다.

이럴 때는 하늘이 대운을 주었으나 명운을 끊었기 때문에 그 사람이 사는 집에 진혈이 들어가 결혈되게 했지만 비혈의 자리에서 누워 자게 만들었다.

따라서 이러한 사람들은 비혈의 음기 영향으로 부모 조상으로부터 물려받은 좋지 않은 유전인자가 활성화되어 암이나 풍 등 나쁜 질병으로 인해 일찍 죽고 만다.

이와 같은 경우 역시 필자의 도움을 받는다면 그날부터 누워 자는 자리를 명당 결혈처로 바꾸어 건강하게 장수할 수 있다.

─── '혈'은 명줄이요 돈줄이며 운줄이다

대재가 되기 위해서는 살아 있는 부모 집에 진혈이 들어가 결혈되어 있어야 하고 돌아가신 부모 유택이 반드시 임금 대재가 되는 진혈의 자리에 있어야 한다.

유체가 진혈의 중앙에 안장되면 부모의 백이 편안하게 되어 부모 양령인 신이 자신의 음령인 신과 교감에 의해 진혈의 집에서 살게 하고 진혈의 터에 사업을 하게 하여 대재가 되도록 만들어준다.

삼성의 고 이병철 회장, 현대 고 정주영 회장, LG 고 구인회 회장 등 대재를 이룬 창업주들의 조상 유택을 보면 정작 재벌 회장들의 어린 시절은 대부분 가난하고 궁핍하게 보낸 경우가 많다. 증조부, 조부 유택이 비혈의 자리에 모셔진 사람들은 부친들이 생전에 비혈의 집에서 살고 있었기 때문이다.

이러한 하늘의 이치 때문에 정작 재벌 회장들은 부모가 살아 있는 어린 시절에는 가난하게 고생을 하다가 대재가 될 때가 되어 부모가 돌아가신 후 진혈의 자리에 유체가 안장되면 인생의 운이 완전히 바뀌게 된다.

그날로부터 돌아가신 부모 백이 편케 되고 부모 양령인 신이 본인들 음령인 신과의 교감에 의해 진혈의 집과 사업장에서 생활하게 해서 당대에 대재를 이루게 만든다. 따라서 대재는 반드시 하늘이 혈을 통해 내려야 이뤄진다. 지금까지는 숙명적으로 하늘이 내린 사람만이 대재가 될 수 있었으나 이제 세상은 바뀌었다.

필자의 도움을 받는다면 누구든지 부모의 산소가 백이 편치 않는 비혈의 자리에 있는 사람도 산소를 이장하거나 훼손시키지 않고도 산소 주변의 인근 산의 큰 결혈을 산소로 이동시켜 대재가 되는 진혈 명당으로 바꿀 수 있다. 필자의 범상치 않은 능력의 도움을 받아 많은 대재가 탄생하기를 바란다.

▬▬ 대재를 유지하는 법은 이것!

일단 재벌이 되었어도 대대로 재산을 상속하고 계속 유지하기 위해서는 대재 본인의 집과 사업장 부모 산소가 계속적으로 진혈의 상태로 유지돼야 한다.

만일 대재를 이루었어도 망할 때가 되면 무엇에 홀린 듯이 진혈 명당인 집을 팔거나 증·개축하여 그 혈이 이웃의 다른 집으로 이동하고 만다.

이렇게 운이 바뀌게 되면 그날부터 혈이 들어간 그 사람에게 기운을 빼앗겨 서서히 눈과 귀가 닫히고 또한 지혜가 닫히게 되어 폐망하는 터로 사옥을 이전해 제아무리 큰 부자였더라도 한순간 폐망할 수 있다.

대재를 상속하여 2세가 대재를 계속 유지하기 위해서는 본인 사후의 유택이 반드시 진혈처에 안장되어야 우환 없이 재산을 유지할 수 있다.

일례로 고 이병철 삼성 회장이나 고 정주영 현대 회장 등 재계의 큰 창업주들은 당대에는 큰 재벌을 이루어 2세들에게 큰 재산을 남기고 기업을 상속시켰으나 안타깝게도 본인 사후에 유택자리가 백이 편치 않은 비혈의 자리에 안장되어 최근에는 운세가 뒤바뀌고 있다.

이로 인해 현재 오너들이 비혈의 집에서 살게 되어 질환이 생기거나 관재우환을 겪으며 명당인 사옥터를 비혈의 자리로 이전하게 된다.

이 역시 필자의 도움을 받는다면 국가 경제를 위해서도 그 기업을 명당 진혈로 바꾸어 기업이 계속적으로 발전할 수 있을 것으로 생각한다.

이미 한화와 현대자동차의 사업장 터와 오너의 운에 대해서는 필자가 2006년 8월 출판한 〈이종두의 음양지기〉 저서에서 예언한 바 있다.

음기의 영향으로 사업주인 오너가 검찰소환 등 관재우환을 겪게 되었고 그것으로 끝나지 않고 앞으로도 집과 사옥터를 진혈의 자리로 바꾸지 않는다면 계속 우환이 생길 수 있다. 이러한 점으로 비춰볼 때 기업의 장래가 심히 염려스럽지 않을 수 없다.

　필자가 혈을 통해 예견하는 것은 미신이 아니고 과학이다. 혈을 처방하여 비혈의 사옥을 명당 진혈로 바꾸는 처방 역시 누구든지 눈으로 확인할 수 있으며 기운을 느낄 수 있는 과학이다.

▰▰▰ 대재가 망하는 길은 이것!

어려운 시절을 모두 지나 어렵게 고생하여 하늘이 내려 대재를 이루었다가 한 순간에 부도가 나 폐망한 기업은 셀 수 없이 많다.

실례를 보면 필자가 전편 저서인 〈이종두의 음양지기〉에서 진단했듯이 대우, 거평, 동아, 한보, 기아, 국제, 삼풍백화점 등 폐망한 기업들은 하나같이 본사 사옥이 심한 비혈처의 자리에 있었다.

기업이 사주에게 운이 들었을 때는 부모 유택이 진혈의 자리에 있는 경우이고 본인들 집, 사업장 터가 동시에 진혈의 자리에서 기업을 경영하여 대재를 이룬다.

반면 운이 나갈 때가 되면 비혈의 집과 사옥으로 옮기게 되고 비혈의 음기 영향으로 본인의 유전적 성격 중에서 밝고 바르고 용기 있고 재를 모으는 지혜와 판단력 등 조상의 좋은 기질이 억제된다.

한편 실패한 조상의 유전적 성격인 우울하고 거칠고 난폭하고 가산을 탕진시킨 조상의 성격, 판단력, 지각이 날이 갈수록 발동하여 눈과 귀가 닫히고 판단력과 지혜가 닫혀 결국 기업과 기업주가 우환을 당한다.

롯데 신격호 회장 생가

신격호 회장은 일제시대 때인 1922년 경남 울주군에서 5남5녀의 대식구를 둔 평범한 농가에서 태어났다. 1941년 현해탄을 건너 사업을 일군 신 회장은 현재 재계 최고 명문가로 성장시켰다.

실제 롯데그룹은 국내보다 더 큰 사업규모를 지닌 일본롯데도 함께 가지고 있다. 여기에다 국내 사업규모를 합하면 국내 어떤 그룹에도 뒤지지 않을 정도의 사업규모를 영위하고 있다.

생가터

신격호 회장이 태어난 생가터는 울산시 울주군 언양읍 삼동면에 위치한 외딴 집이다. 산밑에 위치해 산과 앞의 강(하천)이 조화를 이룬 외관상으로도 명당이다.

울타리 출입구 싸리문 입구에서부터 양기가 가득하다. 마당이나 집안 전체가 집 뒤의 주산과 동서남북에서 혈이 들어와 맺힌 결혈처로 대통령 생가처럼 양기가 가득한 진혈의 명당이다. 재벌이 나는 터의 특징인 집 몸체와 마당 사이에 가로로 음기(돈줄)가 한 줄 지나가 있는 대표적인 재벌 나는 진혈의 명당터인 것으로 확인됐다.

사실 부자가 사는 집은 들어가는 입구의 재문이 활짝 열려 있다. 반면 나오는 재문은 정확하게 대문 중앙에서 닫혀 있다. 신 회장의 생가터가 바로 그러하다.

실제 신 회장 생가터의 경우 멀리서 봐도 양기 기운이 넘쳐 따뜻하고 편안한 명당이다. 생가 몸체와 마당 사이에 가로로 음기 기운이 한 줄만 지나가 있고 집 전체가 양기가 가득했다. 거부가 나는 진혈의 명당인 것으로 확인됐다.

신격호 회장 생가(결혈처)

신격호 회장 생가
생가 전체가 양기가 가득하고 몸체와 마당 사이에 돈줄이 한 줄 지나간 재벌나는 진혈 명당터

한화 김승연 회장 생가

김승연 회장의 부친은 김종희 창업주이다. 김종희 창업주는 생전 슬하에 2남1녀를 두었는데 그중 김승연 회장은 장남이다. 김종희 창업주가 한화그룹의 모태가 된 한국화약을 창업한 것은 1952년이다. 화약에 대한 기초지식을 갖춘데다 계수에 밝고 기억력이 뛰어났던 그는 그 후 화약사업에서 크게 성공했다.

김승연 회장은 1981년 김종희 창업주가 갑자기 타계하면서 29세의 나이로 부친의 뒤를 이어 그룹 회장에 올랐다. 그 후 명실상부한 대그룹의 면모를 과시하며 오늘날에 이르고 있다.

생가

김승연 회장 생가는 사방이 논 가운데 위치한 마을 입구에 있는 평범한 일반 주택 터이다. 그러나 대문 입구에서부터 집안 전체가 혈이 크게 맺힌 결혈처로 양기가 가득하여 몸체와 마당 사이에 가로로 돈줄이 한 줄 지나가 있는 재벌 나는 명당 터이다.

실제 생가 대문 앞에서 감정을 한 결과 양기가 가득하여 재물이 들어가고 새지 않는다. 생가 몸체 자리 역시 마찬가지였다. 또한 생가의 몸체와 마당 사이에는 가로로 음기 기운이 한 줄 지나가고 있었다.

결론적으로 김승연 회장 생가는 멀리서 봐도 양기 기운이 넘쳐 따뜻하고 편안한 명당이다. 게다가 몸체와 마당 사이에 가로로 음기 기운이 한 줄 지나가고 있고 집 전체에는 양기가 가득하다. 이러한 곳이 바로 거부가 나는 진혈의 명당이다.

김승연 회장 생가(결혈처)
원래 몸체 자리와 마당 사이에 돈줄이 한 줄 지나가고 있는 부분

김승연 회장 생가 대문
집안에 양기가 가득하여 재벌나는 진혈 명당터

▰▰ LG 구본무 회장 자택

LG그룹은 재계 혼맥의 본산이라고도 일컫는다. 또한 현재 삼성그룹과 함께 재계 양대산맥으로 명명된다. 포목상에서 출발한 후 재계의 거목으로 자리매김했다.

구본무 회장은 구인회 창업주의 장손자이다. 구인회 창업주는 생전 슬하에 6남4녀를 출가시켰으며 창업주의 장남이던 구자경 전 회장도 4남2녀를 뒀다. 그중 구본무 회장이 장남이다.

자택

구본무 회장 자택은 대저택이다. 내부 조사 없이 입구만 조사했음에도 양기가 가득하다는 것을 확인했다.

실제 대문 입구 조사 결과, 들어가는 재문은 활짝 열리고 나오는 재문이 굳게 닫힌, 집안에 양기가 가득한 진혈의 명당으로 집안 역시 혈이 크게 맺혀 재벌이 태어나 사는 명당으로 판단됐다.

이처럼 양기가 가득한 명당에서 생활하고 잠을 자는 주택 안에 거주하는 사람은 양기의 영향으로 태어날 때 부모 조상에게 물려받은 유전인자 중 훌륭한 조상의 지혜가 활성화된다.

반면 병적 유전인자 및 우울하고 포악하며 쇠약한 기운으로 음기에 해당하는 실패한 조상의 성격 기질은 억제된다.

이러한 영향으로 그 사람으로 하여금 눈과 귀와 두뇌 지각이 열리게 되어 지혜가 생기고 병 없이 건강하며 운을 성하게 하여 기업 경영에 도움을 주고 빛나게 만든다.

때문에 이 저택에서 거주하는 사람이 경영하는 기업은 현재도 번성하고 있으며 앞으로도 세계적인 기업으로 더욱 번성할 것으로 여겨진다.

구본무 회장 자택(결혈처)
집안에 양기가 가득하여 대문 앞에 양기가 방출되는 장면. 재벌나는 진혈 명당터

농심 신춘호 회장 자택

농심그룹은 새우깡과 신라면으로 유명하다. 그곳의 선장이 바로 신춘호 회장이다. 신춘호 회장은 롯데그룹 신격호 회장의 동생이기도 하다.

신춘호 회장은 1965년 롯데공업을 설립함으로 농심의 태동을 알렸고 주력사인 농심 외에 라면봉지 생산업체인 율촌화학과 할인점 메가마트 등 계열사를 거느리고 있다. 농심뿐만 아니라 대부분의 계열사들이 성장가도를 달리고 있는 중이다.

자택

신춘호 회장 자택의 대문 입구를 조사한 결과 역시 양기가 가득한 진혈의 명당으로 돈이 들어가는 재문이 활짝 열려 있고 나오는 재문이 닫혀 있는 부자가 되는 터로 확인됐다. 실제 자택은 멀리서 봐도 집안에 양기가 가득하며 편안한 진혈의 명당이다.

실제 저자가 조사한 결과 사람이 이사를 할 때 그 당시 그 사람의 사주를 보면 일생에서 재운이 왕성하고 들어올 때는 재문이 열린 진혈의 명당으로 이사하게 된다. 또한 그 부모님이 돌아가시면 진혈의 명당으로 모시게 되고, 사업장을 이전해도 역시 진혈의 명당으로 이전하게 된다.

이 같은 현상은 우연 같지만 하늘의 이치이다. 100명을 감정하면 100명이 모두 똑같이 명당으로 나온다. 그렇지 못한 사람은 그 반대의 결과가 나온다. 이사를 할 때 신중에 신중을 기해야 하는 이유가 바로 여기에 있다.

신춘호 회장 이사 전 자택(결혈처)
양기가 가득하여 재벌 나는 명당. 이사 후 터가 우려된다.

신춘호 회장 이사 전 자택
양기 감지 장면

━━ 현대 정몽헌 회장 전 자택

고 정몽헌 전 현대아산 회장은 고 정주영 현대그룹 창업주의 다섯 번째 아들이다. 정 회장은 2000년 1월 세칭 '왕자의 난'을 겪으면서 현대가를 떠나 현대건설과 현대상선 등 '소(小) 현대그룹'을 이끌었다.

정 회장은 정주영 창업주의 아들 중 가장 그를 빼어 닮은 것으로 평이 나 있었다. 외모는 물론 성격적이나 추진력까지 유사했다고 한다.

왕자의 난으로 정 창업주의 후계자로 지목받았던 정 회장은 창업주의 숙원사업이었던 대북 사업을 계승, 꾸준히 추진했다. 하지만 2003년 8월 4일 새벽 '자살'이라는 충격적인 비보를 알리며 생을 달리했다.

자택

정몽헌 회장 자택은 서울 성북구 성북2동에 위치해 있다. 일본대사관 후문 바로 아래쪽에 위치한 하얀색 대리석 2층집이 그곳이다. 외형으로 보았을 때는 도저히 재벌의 저택이라고는 생각되지 않을 만큼 수수하다.

정 회장 자택 대문 입구를 조사한 결과 비혈지로 음기가 매우 심해 집 주위 전체를 감싸고 있었다.

이러한 음기가 심한 주택에 잠자고 생활할 경우 사람은 우울증에 빠질 수 있고 자살한 조상의 성격 기질이 발동하여 병자가 날 수 있고 또 우환이 올 수도 있다.

기업을 경영하는데 있어서도 집안에 가득한 음기의 영향을 받는다. 예컨대 몸이 음기에 익숙해지고 그 영향으로 실패한 조상의 유전적 성격이 발동되어 눈과 귀와 두뇌와 입이 태어날 때의 본연 모습이 없어지고 손해가 되고 위축되는 성향으로 기업을 경영하게 되기 때문이다.

　그 결과는 좋지 않다. 정 회장의 자살도 이와 무관하지 않는 것으로 판단된다. 음기가 심한 주택에서 잠을 자고 생활하면서 받았던 음기 기운으로 인해 그러한 결과를 낳았을 것이라는 게 필자의 분석이다.

정몽헌 회장 생전 자택
집안과 주위에 심한 비혈의 음기가 강하게 노출되어 우환과 실패가 온다.

삼성 이건희 회장 자택

집무실(전 자택)

이건희 회장 집무실(이전 자택)은 대문입구 조사결과 고 정몽헌 회장 자택과 같이 비혈의 음기가 심하여 그 기운이 주택 주위를 강하게 감싸고 있다.

자택

현 자택은 경비와 경호가 삼엄하여 집쪽 대문 입구만을 촬영했다. 하지만 이도 삭제를 당하여 반대쪽을 조사한 결과 입구가 음기에 강하게 노출되어 있었다. 이러한 주택은 음기의 영향으로 병자가 날 수 있으며 우환이 올 수 있는 주택으로 판단된다.

이건희 회장 현재 자택 대문 앞 전경
비혈 음기에 강하게 노출

이건희 회장 이전 자택(비혈)
비혈 음기에 강하게 노출. 우환이 오고 손해를 볼 수 있다.

▰▰▰ 두산 박용성 회장 자택

자택

박용성 회장 자택은 고 정몽헌 회장 자택이나 삼성 이건희 회장 자택, LG구본무 회장 자택과 멀지 않은 같은 동네에 위치해 있다.

자택은 풍수지리학상 세간에 알려진 것처럼 그 동네가 관산법으로 볼 때 특징이 있다. 하지만 무엇보다 외관은 중요치 않고 그 주택이 위치한 터의 혈이 중요하다.

저자가 대문 입구를 조사한 결과 음기가 심한 비혈의 주택으로 나타났다. 따라서 이 주택에 거주하는 사람들의 건강이 염려되고 운이 쇠해질 수도 있다. 게다가 우환이 올 수 있으므로 조심할 것을 조언하고 싶다.

박용성 회장 자택

박용성 회장 자택

비혈의 음기에 강하게 노출. 드는 재문이 닫히고 나오는 재문이 열림
대문 입구는 주택 주인의 사주상 운과 동일하게 작용한다.

한국음양효혈풍수지리회 이종두 회장 생가

생가

필자의 생가는 경북 성주군 대가면 칠봉리에 위치한 산골마을 고성 이씨 종가터이다. 평범한 주택터이지만 몸체 자리와 마당 및 집터 자리 전체가 진혈처로 양기가 가득한 명당이다. 게다가 몸체와 마당 사이에 가로로 돈줄이 한 줄 지나간 재벌나는 명당 터이기도 하다.

실제 생가의 형태(집)는 없어졌지만 생가터를 조사한 결과 전체적으로 양기가 가득, 편안한 명당으로 나타났다. 또한 몸체가 있던 자리와 마당이 있던 자리에는 가로로 음기 기운이 한줄(돈줄)만 지나고 있었다.

이러한 터에서 태어난 사람은 훌륭한 조상의 지혜가 활성화되어 어릴 때부터 지각이 깨어나 훌륭한 인물이 나는 터이다.

이종두 회장 생가터
혈이 크게 맺혀 양기가 강하고 몸체자리와 마당 사이에 돈줄이 지나간 재벌나는 진혈 명당터

부모님 산소(납골당 일산 청아공원)

　필자의 부모님 유골을 봉안한 납골당 터는 양기가 사방에 가득한 진혈의 명당이다. 이러한 명당에 고인의 유분을 모시면 혼백이 편안하여 그 영기의 영향으로 후손은 재벌이 되며 큰 인물이 될 수 있다.

　세간에 화장하면 무해무탈(無害無脫)하다고 상식 없이 이야기하는 분들은 이 기회를 들어 향후 화장한 조상의 유분을 반드시 양기가 가득한 진혈의 명당터에 모실 것을 조언한다.

　만일 화장한 조상의 유분을 비혈의 음기가 심한 납골당이나 납골묘에 모시거나 산이나 강에 뿌리고 수목장을 한다고 비혈의 음기가 심한 나무 밑에 뿌린다면 혼백이 편하지 않아 그 후손이 폐망하는 길이라는 것을 알려주고 싶다.

이종두 회장 부모 납골당
일산 청아공원. 부모님 유골함을 모신 자리가 혈이 크게 맺혀 양기가 강한 후손이 임금 재벌나는 진혈의 명당터

제5장 재벌 명당터는 따로 있다

돈은 곧 '신(神)'이다

흔히 일반 사람들은 돈을 단순한 재화로 여겨 열심히 개미처럼 노력하면 누구나 돈을 벌어 잘 살 수 있다고 생각한다. 이러한 신념 때문에 언젠가는 잘 살게 될 것이라는 막연한 믿음에 돈을 소홀히 하는 경우가 있다.

필자가 생각할 때 돈은 단지 재화가 아니라 신이다. 돈은 우리 인간보다도 더 냉철하고 예리하며 정확한 눈을 갖고 있다.

그 눈으로 재운이 들어 바탕이 닦여지고 올바른 판단력과 지혜가 있는 사람과 재운이 없어 눈과 귀가 닫히고 지각과 판단이 올바르지 못한 사람을 정확한 눈으로 구분해 낸다. 지각이 있어 재운이 들은 사람과 들지 않은 사람을 가려서 쫓아가는 것이다.

재운이 들지 않은 사람은 아무리 돈을 쫓아가더라도 돈은 눈이 있고 지각이 있어 이러한 사람들을 피해 다닌다. 반면 눈과 귀가 열리고 지각과 판단이 올바른 재운이 든 사람에게는 본인이 돈을 싫다 하여도 쫓아가서 붙어 쌓이게 만든다.

절대 돈을 소홀히 해서는 안 된다. 돈은 곧 신이다. 돈신은 항상 내 가까이 오는 것이 아니다. 소중히 여기고 가치 있게 활용하여 없을 때를 대비해야 한다.

돈은 소중하고 신성하다

필자는 제자들을 교육할 때 가끔씩 이러한 질문을 하곤 한다.
① 직업
② 가정
③ 종교(신앙)

이 세 가지 중에서 '자신의 인생에 있어 가장 소중하고 신성한 것이 무엇인가' 라고 질문하면 대부분의 제자들은 '가정이 가장 소중하고 종교가 가장 신성하다' 고 답을 한다.

필자는 그러나 제자들에게 단호하게 다음과 같이 가르친다. 인간에게 있어 근본적으로 가장 소중하고 신성한 것은 가정과 종교가 아니며 바로 '직업' 이라고 가르친다.

누구나 사람은 자신의 직장과 사업과 직업에서 실패하게 되면 가장 가까운 부모와 형제, 가족, 친구들로부터 자신의 능력에 대해 신뢰를 잃어버리고 패배자가 되고 만다.

사람이 살아가는 데 있어 돈 없이 할 수 있는 부분은 거의 존재하지 않는다. 사업과 직업에서 실패해 소중한 수입이 끊어지면 부부간의 화합에 금이 가서 원수가 되고 자식 또한 다른 사람들처럼 하고 싶은 것을 해주면서 인간답게 양육할 수 없게 된다.

직업에 실패하여 가정에 소중한 돈이 없으면 사랑하는 가족이 중병에 걸려도 치료하지 못하고 죽어 가는 것을 지켜볼 수밖에 없다. 사랑하는 자식을 남들처럼 인간답게 양육하고 교육시키지 못할뿐더러 끝내는 가정마저 파산하고 본인 인생 역시 실패하게 된다.

따라서 자신의 인생을 성공적으로 영위하고 사랑하는 가족과 행복한 삶을 꾸려가기 위해서는 무엇보다도 본인이 하는 사업과 직장에서 성공해야 한다.

껍데기로 체면을 유지하고 사는 것보다는 자신이 하는 직장에서 절대적으로 성공해야 행복하고 보람된 인생을 누릴 수 있다.

누구든지 직업이나 사업을 결정할 때는 자신의 운명이 달린 만큼 신중하게 결정하고 시작한 사업은 최선을 다해 어떠한 일이 있어도 반드시 성공하도록 노력해야 한다.

돈이 없으면 자신이 믿는 종교에도 시주나 헌금을 할 수 없을 뿐만 아니라 사랑하는 가족도 불행하게 만들기 때문이다.

사업장 '이렇게 고른다'

사업장 터는 사업의 성패에 가장 중요한 요소이다. 어떤 곳을 선택하느냐에 따라 사업의 성공여부가 판가름날 수 있기 때문이다.

물론 사업 입지는 경제 원리에 입각해 교통이나 목을 보아 선택하게 마련이다. 하지만 이보다 더 중요한 것은 '결혈이 맺혀 있어 성공하는 터인지', '비혈이라 폐망하는 터인지'를 확인해야 하는 일이다.

누구나 사업을 시작할 때는 규모가 크든 작든 재벌이 될 꿈을 가지고 시작을 하게 마련이다. 자신의 많은 부분을 쏟아부어 하는 사업에서 돈을 벌지 않고, 성공하고 싶지 않은 사람은 없다.

지금 이 시간에도 수많은 사람들이 전국에서 사업을 시작하는 동시에 소중한 전 재산을 날리고 부도가 나서 폐망해 사업장 문을 닫는 비극이 일어나고 있다.

사업에 성공하지 못하는 대다수의 경우는 본인이 똑똑하다고 착각하여 최고의 아이템, 최고의 인맥, 최고의 거래처를 확보했다고 자신하며 재벌의 꿈을 안고 소중한 전 재산을 사업자금으로 투입하고 샴페인을 터뜨리며 좋아한다.

그러나 돈줄이 닫힌 비혈의 터에서 시작하는 사업가는 개업하는 그날부터 바로 부도의 길로 접어든다.

사업에서 성공하는 사람들의 경험으로 비춰볼 때 '구멍가게로 시작하여 수성을 대재로 하라'는 충언을 명심해야 한다.

기업을 크게 일군 대기업은 물론이고, 현재 온 나라가 불황의 늪에 허덕이고 있는 중에도 성공하고 있는 기업이나 점포들은 예외 없이 그 사업장에 혈맥이 들어가 결혈처의 자리에 있다. 점포의 계산대나 사주의 방안 집무를 보는 책상자리에 결혈이 크게 맺힌 사람만이 성공할 수 있다.

반면 혈맥이 끊어져 비혈의 자리에서 사업하는 사람은 예외 없이 얼굴이 굳어지고 혈색이 날이 갈수록 병색이 되며 비혈에서 존재하는 음기의 영향으로 실패한 조상의 올바르지 못한 성격과 판단, 지각이 발동된다.

물론 자신은 매일 열심히 노력한다고 하지만 소중한 재산을 날리고 부도의 길을 향해 가게 되는 셈이다. 따라서 소중한 사업을 성공시키기 위해서는 무엇보다도 사업하는 그 자리의 혈맥과 결혈을 보는 것이 가장 중요하다.

필자는 어디를 가든지 큰길을 따라 길가에 늘어선 수많은 점포들을 보면 어느 점포가 결혈처로 경기에 관계없이 돈을 벌고 있고 비혈의 점포는 망하고 있는 사실을 명확히 구분할 수 있다.

이러한 사실을 지켜볼 때마다 마음이 슬프고 안타깝기 그지없다. 경제 원리의 측면에서 실패한 사람이 있어야 성공한 사람이 있고 가난한 사람이 있어야 부자가 있다고 얘기하는 경제전문가들의 논리에 대해 필자는 한심스럽게 여기며 한탄하는 마음 그지없다.

얼마든지 성공의 운을 바꿀 수 있고 자신의 노력 여하에 따라 미래를 장담할 수 있는데 이를 알지 못해 비혈의 터에서 실패를 향해 아등바등 달려가는 모양새로 보이기 때문이다.

우리나라 전 국민이 명당, 결혈처의 집에서 생활하고 사업을 하고 명당, 결혈처의 자리에 살아 있는 부모를 효성으로 모시고 돌아가신 부모를 명당 진혈의 자리에 안장하여 효성과 정성으로 예를 다하면 부자가 될 수 있고 행복한 삶을 살 수 있다.

누구나 결혈 양기의 영향으로 눈과 귀가 열리고, 자신이 태어날 때 그 부모 조상으로부터 유전적으로 물려받은 성격이나 성향 중에서 왕과 정승의 지혜와 천석꾼, 만석꾼 부자 조상의 재를 모으는 성격, 판단 지혜와 장군 할아버지의 용기와 학자 조상의 덕망의 기질이 날이 갈수록 발동되어 대재를 이루게 된다.

또한 지혜와 인품과 인격을 갖춘 훌륭한 사람으로 발전할 수 있으며 모두 실패

없이 성공할 수 있다고 장담한다. 이제 하늘이 때가 되어 우리나라가 세계 최고의 지혜의 민족이 되고 부국으로 다시 발전할 수 있도록 필자는 최선을 다해 노력할 계획이다.

지금이라도 사업을 시작하는 사람은 필자와 전국의 〈천기아카데미〉 제자들의 도움을 받아 실패 없이 성공하는 사업가가 되기를 희망하는 바이다.

기본적으로 사업장 터 고르는 법에 대해 몇 가지 비법을 공개한다.

1. 양택 사업장 터에는 미완성의 학문인 껍데기 관산을 믿지 마라. 속을 보지 못하고 겉의 외관을 보아 목숨처럼 소중한 사업장 터를 평가하는 것은 곧바로 망하는 지름길이다.

2. 어디든 은행이 있는 곳은 돈의 신이 모여 있는 곳이기에 혈맥이 은행으로 가장 크게 들어간다. 따라서 은행 주위에서 사업하는 사람은 은행으로 운을 빼앗기어 자신의 모든 것을 잃고 사업에 실패하는 경우가 다반사다. 재운이 약해 밑천이 짧은 사업가는 그 사업장 터를 은행에서 멀리하라.

3. 주변의 재운이 왕성하고 크게 번성하여 잘 되고 성공하는 사람이 경영하는 사업장 근처는 모든 혈맥이 그 사람이 경영하는 터로 집중되어 다른 사업장으로는 주변의 혈이 들어가지 못해 운을 빼앗기게 된다. 따라서 운이 왕성하고 크게 잘 되는 사람이 운영하는 사업장 근처는 피하라.

4. 주변의 나무나 풀이 잘 자라지 못하고 냉기가 느껴지는 곳은 심한 비혈처로 무조건 피하라. 전국의 폐망하고 귀신이 나온다고 알려진 흉가나 패가는 모두가 다 심한 비혈처 터이다.

5. 전 사업주가 부도가 나거나 실패한 사업장 터는 되도록 피하라. 혈맥이 들어와 결혈이 맺혀 있는 터는 실패하지 않는다.

　다만 혈은 한 군데에 영원히 고정되는 것이 아니라 사람 운에 따라 사람과 함께 이동하기 때문에 재벌이 살던 집터나 재벌이 사업하던 터라고 해서 무조건 명당이라 생각하고 그 터에서 살거나 사업을 하면 성공한다고 단정하지 마라. 혈은 운이 왕성한 사람을 따라 이동하기 때문에 반드시 입주 후에 혈맥과 결혈을 다시 확인하고, 결혈을 유지하여야만 성공할 수 있다. 최근에 서울 용산에 위치한 국제그룹 사옥은 심한 비혈처로 폐망한 전력이 있는데 이곳을 국내 재벌 그룹 계열사가 풍수지리 전문가의 도움을 받아 인수했다는 기사를 필자는 본 적이 있다.

　기존의 풍수지리 학문은 미완성의 학문이다. 그런데 이러한 학문에 단지 의지해서 수백억 원을 투자해 사옥을 사들인 그 기업의 장래가 필자는 심히 염려된다.

　만일 이 기업이 필자의 〈천기비법〉 도움을 받았다면 국제그룹 사옥 인근의 혈맥이 어디로 가고 어느 건물, 어느 자리에 맺혀 있는가를 명확하게 알 수 있었을 것이고 또한 혈맥은 국제그룹 사옥으로 돌려놓았으리라.

　그러나 기존의 풍수지리 학문은 혈맥과 결혈의 소재를 명확하게 찾을 수도 없을뿐더러 이동을 시킨다는 것은 꿈에도 상상하지 못한다. 따라서 기업의 미래는 오너 일가 집의 혈맥과 결혈이 무엇보다 중요하고 사업장 터의 결혈·비혈에 따라 10년 후 기업의 성패가 좌우하는 것임을 명심하기 바란다.

6. 사업을 시작하는 사람은 사업장 터를 정하기 전에 먼저 본인이 거주하는 집을 결혈처로 정해야 한다. 생활하는 집이 혈맥이 끊어진 비혈이면 돈줄이 끊어지고 실패한 조상의 올바르지 못한 성격과 판단 지각이 발동하여 우환이 닥치고 실패하는 비혈의 자리에 사업장을 운명적으로 정하게 되기 때문이다.

7. 사업을 하는 사람은 사업을 시작하기 전 반드시 살아 계신 부모가 생활하는 집의 결혈·비혈을 확인해 부모 집을 결혈의 상태로 유지하고 정성을 다해 효행하라.

   부모 집이 결혈처에 있어야 부모 음령인 신이 편안하고 좋게 되어 자신의 음령인 신과 교감하여 우환삼재를 막아줄 수 있다.

   또한 좋지 않은 영향을 미치는 사람을 피하게 하고 우환이 오는 자리와 장소를 가지 않도록 막아 결혈처의 집에서 살게 하고 결혈처의 자리에서 사업하게 하여 자식을 성공시키게 된다.

8. 돌아가신 부모 유택을 반드시 명당 진혈처로 유지하라. 부모를 명당 진혈처에 안장하면 돌아가신 부모 음령인 백이 편하게 되어 부모 양령인 신이 자식의 음령인 신에게 교감해 큰 부자가 되는 결혈처의 집과 사업장 터에서 생활하게 한다. 또한 우환삼재를 막아주고 성공하도록 영향을 미친다.

삼성 고 이병철 회장

삼성 고 이병철 회장 생가 대문 앞 전경

고 이병철 회장 생가로 산에서 혈이 내려오는 장소

고 이병철 회장 의령 생가. 산에서 혈이 크게 맺힌 진혈터

동네 전체 혈이 고 이병철 회장 생가로 연결됨

생가 입구 별장 비혈처

별장에는 혈이 못 들어간 상태 진단

고 이병철 회장 이장 전 부모 산소터(의령), 진혈 명당

묘역 전체가 결혈처(후손이 재벌이 나는 진혈)

제3부 '혈'을 바로 알고 적용하면 운명이 바뀐다 | 227

LG 고 구본회 회장

LG 구본회 회장 생가 대문 앞 큰혈이 대문으로 들어감

제자들에게 대재의 진혈이 대문으로 들어감을 교육

구본회 회장 생가 뒤편에서도 대혈이 들어감

구본회 회장 생가로 마을 전체 혈이 집중이 된 재벌나는 명당터

구본회 회장 생가로 마을 전체 혈이 집중이 된 재벌나는 명당터

구본회 회장 부모 산소 결혈 상태 설명

SK 고 최종건 회장

마을의 혈이 고 최종건 SK 회장 생가로 향하는 장면

마을의 혈이 고 최종건 SK 회장 생가로 향하는 장면

마을의 혈이 고 최종건 SK 회장 생가로 결혈된 상태

평범한 논밭 가운데 집도 진혈처에는 임금, 대재가 됨을 설명하는 이종두 회장

대구 동아백화점

동아백화점 빌딩으로 진혈이 들어가는 상태 진단

대구 화성산업 혈이 들어가는 상태 진단

현대기아자동차 사옥

현대기아차그룹 사옥은 서울 서초구 양재동에 자리잡고 있다. 농협 양재동 하나로클럽 바로 옆에 있는 건물로 지상 21층이 그곳이다. 정몽구 회장이 지난 2000년 말 이곳에 둥지를 틀었다.

당시 현대차그룹은 서울 건물 이곳 저곳을 대상으로 인수를 추진했으나 여의치 않자 농협이 급매물로 내놓은 현 사옥을 사들였다. 농협이 구조조정을 위해 2000년 1월 첫 공매에 들어갔으나 6차례 유찰을 거듭한 끝에 같은 해 11월 현대기아차의 보금자리로 거듭났다.

서울 양재동에 있는 현대기아자동차 사옥은 감정결과 사옥 내부 전체가 혈맥이 끊어져서 음기가 가득한 곳으로 확인됐다. 이처럼 음기가 강한 터에서 수년간 음기가 몸에 축적이 되면 음한 생각과 음기의 영향으로 기업의 흥망에 영향을 줄 수 있으며 그 주인인 회장에게 직접적인 우환이 오는 경우도 있다.

저자가 전국을 감정한 경험으로 볼 때 정몽구 회장이 이처럼 비혈지로 음기가 강한 곳에 사옥을 마련한 것을 보면 정 회장이 사는 자택 역시 비혈지로 음기가 강할 것으로 생각된다.

아울러 그 분의 선친인 고 정주영 명예회장의 산소터 역시 음기가 강한 비혈지에 안장되었을 것으로 본다. 이 같은 관측은 이들 세 가지 요인이 모든 사람에게 우연이 아닌 필연의 결과로 연결지어진다는 점을 필자의 연구 결과에 따라 확인되었기 때문이다.

이처럼 건물 내부에 일부 음기가 있는 비혈인 곳은 진혈인 양기가 있는 곳에 위치한 계열사는 성공한다. 반면 음기가 있는 비혈인 쪽에 위치한 계열사나 그곳에서 자리를 배정받아 업무를 보는 사람은 사주상 재운이 없는 사람들이다.

실제 그들의 집터 역시 조사해 보면 우연의 일치처럼 음기가 강한 비혈인 곳에서 생활하는 것을 확인할 수 있다. 이 때문에 음기가 있는 비혈인 곳에서 업무를 보고 생활하는 분들은 신경 써서 집을 선정해야 하며 가능한 한 처방하여 생활하는 것이 좋다.

현대기아자동차 사옥
현관 입구와 내부 심한 비혈-음기 노출. 내부-음기 노출

LG쌍둥이 사옥

LG 본관
사옥 내부 전체가 강한 양기가 있는 진혈 명당

LG 본관 2동 양쪽(진혈처)
현관 입구-양기 가득(명당), 내부-양기 가득(명당)

한화그룹 사옥 (2006년 8월 출판한 〈음양지기〉 내용)

한화그룹 사옥이 위치한 곳은 서울 중구 장교동이다. 한화빌딩에선 물길을 연 청계천과 남산을 모두 바라볼 수 있다. 을지로 은행가에 위치해 풍수지리적으로 돈이 모이는 곳이란 말이 있는 자리다. 이 빌딩 27층 남산을 바라보는 쪽에 김승연 회장의 집무실이 있다.

한화그룹 사옥은 서울 청계천 쪽 출입구(현관)가 비혈지인 음기로 인해 재문이 닫혀 있고 건물 내부 일부가 비혈지인 음기에 노출됐다. 하지만 을지로 쪽 출입구(현관)가 재문이 열려 있으며 건물 내부 3/4이 양기가 강한 진혈지인 명당이며 성공하는 터인 것으로 확인됐다.

다만 이런 사옥 터는 그 비혈지인 음기의 영향으로 회사에 가끔 환란이 올 수 있다. 또한 기업주의 부모 모신 터와 사는 집 역시 사옥처럼 일부가 비혈이며 그 비혈지의 음기는 충분히 진혈지인 양기의 기운으로 이겨낼 수 있다.

한화그룹 본관
양기 노출(명당)

한화그룹 본관
현관 입구-양기 가득(명당), 내부 3/4-양기 가득 진혈지(명당). 사옥 내부 3/4이 양기가 강한 터로 B급 명당에 해당한다.

한화그룹 본관 후문 입구
후문 입구-음기 노출(내부 일부). 후문 입구에서 사옥 내부 1/4이 음기에 노출된 B급 터로 기업이 계속 발전하나 가끔씩 음기 영향으로 검찰소환 등 우환·관재수가 오나 양기 영향으로 쉽게 수습하고 극복하는 터
〈2006년 8월 출판 음양지기 175P 中〉

두산그룹 사옥

　서울 동대문으로 이전한 두산타워는 전체가 양기가 가득한 진혈지인 명당이다. 사옥을 이전한 국내 대기업 중에서 이전의 터와 같은 명당으로 이전한 대표적인 케이스이기도 하다.
　크게 성공한 기업은 사옥 이전시 반드시 이전 사옥 터보다 더 좋은 터나 그 터에 버금가는 터로 이전해야만 기업이 지속적으로 발전할 수 있다.

두산그룹 사옥
양기 가득한 진혈지(명당)

두산그룹 사옥
양기 가득한 진혈지(명당)

두산그룹 사옥
현관 입구-양기 가득(명당). 내부-양기 가득(명당). 두산타워는 입구에서부터 재문이 열려 있고 내부 역시 전체가 양기로 가득한 진혈지로 대표적인 명당이며, 이전하기 전 사옥보다 더 명당으로 향후 더욱 발전을 하는 터.

포스코

테헤란로에 위치한 포스코 사옥은 현관 입구에서 사옥 내부 전체가 결혈이 크게 맺힌 진혈처로 양기가 강한 명당으로 이처럼 양기가 강하면 임직원 및 사원들의 얼굴이 밝고, 훌륭한 조상의 유전적 성격이 발동하여 마음이 편하며, 지혜가 열려 업무 능률이 오르고 기업이 발전한다.

포스코 본관
현관 입구-양기 가득 진혈지(명당), 내부(미촬영) 조사결과-양기 가득 진혈지(명당)

여의도 순복음교회

여의도에 위치한 순복음교회는 영락교회와 같이 넓은 성전 및 건물 내부 전체가 양기가 가득한 진혈지인 명당으로 교회가 나날이 부흥되는 터이다. 필자가 전국 교회를 조사한 결과 부흥이 잘 되어 신도가 많고 발전한 교회는 양기가 가득한 진혈지인 명당이고, 부흥이 잘 되지 않고 재정이 어려운 교회는 음기가 강한 비혈의 터로 확인되었다. 이처럼 양기가 강한 교회는 예배시 목사님 이하 성도들이 진혈지인 양기 영향으로 마음이 편하며 설교 말씀에 집중이 잘 된다. 기도시에는 은혜가 충만하고 반목하지 않으며, 서로 위하고 친화가 잘 된다.

여의도 순복음교회
현관 입구-양기 가득 진혈지(명당). 내부-양기 가득 진혈지(명당)

SK그룹

　SK의 예전 본사 사옥은 진혈지인 명당이나 신사옥은 음기가 있는 비혈의 터로 그 원인이 화장하여 납골묘에 모신 최종현 회장 산소터가 음기가 있는 비혈지이고, 이 영향으로 현재의 최태완 회장 저택이 음기가 있는 비혈지이며, 이처럼 음기가 있는 비혈의 터에 오너가 이전하여 사업을 하면 우환이 오고 미래가 염려된다.

SK그룹 (구)사옥
현관 입구-양기 가득(명당), 내부-양기 가득(명당).
SK그룹의 이전하기 전 원래 사옥터는 양기가 강하여 진혈지인 명당으로 세계적인 기업으로 성공할 수 있는 터.

SK그룹 신사옥(비혈)
음기 노출

SK그룹 신사옥(비혈)
현관 입구-음기 노출. 이처럼 사옥 현관과 내부에 음기가 노출되면 음기 영향으로 회사 재문이 닫히고 우환이 올 수 있으며 장기적으로 기업의 흥망이 염려되는 터이다.

효성그룹

효성그룹의 예전 사옥은 양기가 강한 진혈지의 명당이나 이전한 현재 마포사옥은 음기가 있는 비혈 터로 처방이 필요하며 시간이 경과하면 향후 기업발전이 염려되는 터이다. 이처럼 사옥이 좋지 못한 터로 이전한 경우는 그 주인인 회장의 산소터가 음기가 있는 비혈지의 원인으로 현재 회장 자택이 음기가 있는 비혈 터에 살고 있는 것이 원인이다.

효성그룹 (구)사옥
현관 입구-양기 가득 진혈지(명당), 내부-양기 가득 진혈지(명당)

효성그룹 신사옥(비혈)

효성그룹 신사옥(비혈)
현관 입구—음기 노출, 내부—음기 노출

제3부 '혈'을 바로 알고 적용하면 운명이 바뀐다 | 245

■■■ (구)국제그룹

용산에 위치한 (구)국제그룹 사옥이었던 이 빌딩은 비혈지로 음기가 강하여 기업 사옥터로는 부적합하다. 이러한 터는 주인이 바뀔 수 있고 우환이 올 수 있으므로 반드시 양기 처방이 필요한 터이다.

(구)국제그룹 사옥(비혈)
현관 입구—음기 노출, 내부—비혈 음기 노출

▬ (구)기아자동차

여의도에 위치한 (구)기아자동차 사옥은 음기가 강한 비혈의 터로 역시 우환이 올 수 있으며 처방이 필요한 터이다. 다만 운이 좋은 사람이 매입하여 입주하면 다시 혈이 들어올 수 있다.

(구)기아자동차 사옥(비혈)
현관 입구－음기 노출. 사옥 현관 입구에서부터 건물 내부까지 전반적으로 음기에 노출된 비혈지

(구)기아자동차 사옥(비혈)
음기 노출

대우그룹

서울역 맞은편 대우그룹 사옥은 필자와 협회에서 조사한 바 입구에서부터 내부 전체가 음기가 있는 비혈의 터로 폐망하게 된다. 내부 안쪽의 대우건설 사무실은 양기가 있는 결혈 명당으로 원인은 김우중 회장의 저택이 음기가 강한 비혈의 터에 있는 것에 기인된다.

대우그룹 사옥(비혈)
현관 입구-음기 노출. 내부-음기 노출(2/3), 일부 계열사 사무실 양기 가득(명당)

▬ (구)동아그룹

 (구)동아그룹 사옥은 조사결과 현관 입구부터 내부가 음기가 강한 비혈의 터로 주인이 바뀌고 우환이 올 수 있으며 양기 처방이 필요하다.

(구)동아그룹 사옥 주변(비혈)
음기 노출

(구)동아그룹 사옥 주변(비혈)
음기 노출

▰ (구)거평그룹

현관 입구에서 내부까지 강한 음기에 노출된 비혈의 터로 이처럼 사옥과 집무실이 음기가 강하면 실패한 조상의 유전적 성격이 발동하여 사람의 안색이 창백해지고 집중이 되지 않아 업무 효율이 떨어지고 기업이 발전하는데 장애가 된다. 정밀 감정 후 처방이 필요하다.

(구)거평그룹 사옥(비혈)
음기 노출

▰▰ (구)한보그룹

(구)한보그룹 사옥터는 사옥 전체가 음기가 강한 비혈의 터로 주인에게 우환이 올 수 있으며, 처방이 필요하다.

(구)한보그룹 사옥(비혈)
음기 노출

타워팰리스

　강남에 위치한 도곡동 타워팰리스 부지는 건물마다 양기가 강한 진혈지인 명당으로 기업 사옥터였다면 세계적인 기업으로 성공하는 진혈지인 명당이며 이처럼 양기가 강한 주택에 입주하는 사람은 재운이 크게 든 사람이 입주하며 집집마다 다르지만 대체로 재문이 열리고 몸도 건강해지는 집이 많은 명당이나 혈이 들어가지 못한 비혈의 집은 운을 빼앗기어 폐망한다.

타워팰리스 입구(결혈처)
현관 입구-양기 가득(명당), 내부-양기 가득(명당)

■ 조계사

　조계사 및 삼각산 도선사를 비롯하여 전 유명 대사찰은 주변의 혈이 크게 맺힌 결혈처로 불전 내부가 강한 양기가 있는 명당에 있는 바 전각터를 좌정한 스님 분들의 능력에 필자는 새삼 놀라움을 금치 못한다. 또한 조사결과 발전이 안 되고 재정이 어려운 사찰 및 암자는 전원 비혈지로 음기가 강한 터에 자리하고 있다.

조계사
현관 불전 내부 양기가 강한 진혈 명당

산소터 잡는 법

산소 자리는 본인 자신과 존경하고 사랑하는 부모 조상의 백이 사후에 거주하는 안식처이며 고인의 영의 교감에 의하여 후손의 운명을 결정짓는 운의 근원 처이며 삼재우환의 근원 처이기도 하다.

따라서 나와 사랑하는 가족 후손이 삼재우환 없이 병들지 않고 대운이 발복하여 성공하고 가문을 빛내며 행복한 삶을 살아가는 데 있어 가장 중요하고 필수적인 요소이다.

산소터 잡는 법

1. 용이 사맥이 아닌 생맥의 등산으로 내려온 혈처라야 한다.
2. 지반이 성토하지 않고 손상되지 않은 원래의 생토이어야 한다.
3. 날카롭고 갈라진 암반이 없어야 하며 둥글고 보기에 좋은 기암이 있는 곳이라야 한다.
4. 주산에서부터 물길이 내려오는 협곡은 피해야 한다.
5. 지하 땅속에 물길이 지나가는 수맥자리는 정확히 비켜서 좌정한다.
6. 기존의 관산학에 치중하여 주산, 안산, 조산의 외형에 지나치게 치중하지 말라.
7. 가장 중요한 사항은 결혈처를 찾는 일이다.
8. 혈맥(용)은 주산과 조산을 비롯하여 동서남북 사방위에서 이동하여 결혈처를 형성한다.
9. 결혈처는 수박이 줄기를 따라 열리듯이 한 곳에만 있는 것이 아니라 상부에서

부터 지선 끝단까지 계속 맺혀 내려오며 여러 곳에 산재해 맺혀 있다.

10. 결혈은 래용에 따라 크기와 기운이 각기 다르다.
11. 결혈은 영원히 한 곳에 고정되어 있는 것이 아니고 주위 지형이나 사람이나 유체의 운에 따라 변하고 이동하는 점을 명심하라.
12. 명당 결혈처에 유체가 안장되기 위해서는 고인의 자식이 마음이 바르고 효성이 지극하며 대운의 바탕이 닦여져야 한다.

    사심과 탐심이 있거나 적선, 적덕하지 못하여 형제나 이웃에 인심을 잃고 해악을 행한 사람은 결혈지에 조상의 유체가 안장된다 하더라도 기운이 발복하지 못하고 오히려 우환이 오거나 결혈이 다른 곳으로 이동할 수 있다.
13. 결혈은 필자와 같이 하늘과 기운이 상통하고 도의 경지에 오른 사람은 마음대로 원하는 곳으로 이동시켜 옮겨질 수 있는 기운이다.
14. 진혈처는 주산의 상부나 중단에 맺히는 것이 아니라 하단의 지선 끝에 나무의 원리처럼 가장 크게 맺힌다는 점을 명심하라.
15. 산소를 잡을 때는 첫째, 멀리서 주위를 보아 나뭇잎이나 풀이 검고 시퍼렇지 않은 연둣빛 줄기가 내려오는 선이 혈맥이고 그 연둣빛 줄기를 따라서 나뭇잎이나 풀이나 잔디에 노랗게 연둣빛으로 원을 그리며 보이는 곳이 바로 혈이 맺힌 결혈처이다. 둘째, 살아있는 주변의 풀대나 나뭇가지를 꺾어서 필자의 천기비법으로 잡으면 생명이 있는 풀대나 나뭇가지가 결혈처의 기운과 반응하여 혈맥을 따라 정확히 당겨가게 되고 결혈처 자리에서 원을 그리며 그 크기만큼 표시하여 준다.
16. 결혈은 반드시 주산과 산의 래용에 따라 크고 작은 것이 아니라 산이나 우리가 살고 있는 집터나 논, 밭, 축사 어느 곳에도 맺혀 있는 것이기 때문에 정확히 혈처의 중앙에 유체를 안장하면 그날부터 고인의 백이 편케 되고 자손에게 영과 교감하여 바로 발복시키고 비혈이면 백이 편지 않아 그 후손에게 우환삼재의 근원이 되며, 폐망의 길로 가게 기운이 발동한다.
17. 결혈이 작을 때는 필자나 전국의 제자들의 도움을 받아 주위의 결혈을 이동

시켜 한 곳으로 집중시키면 임금 대재가 나는 진혈처를 만들 수 있고 이 진혈처에 먼저 상부 쪽으로 흐르는 세로 물길을 찾아서 표시한다.

큰 가로 물길은 상부에서 내려오는 세로 수맥을 받아서 옆으로 돌리는 역할을 하고 그 큰 가로 물길 바로 하단에는 수맥이 없으며 광중의 수맥이 없는 진혈 자리가 찾아지게 된다.

이 수맥이 없는 진혈처에 관산학상 좌향을 잡아 유체를 안장하면 그날로부터 운이 발복되어 자손이 임금이 되고 재벌이 되며 가문이 다시 일어나게 된다. 진혈의 자리는 백이 편해져 좌향에 관계없이 후손이 발복한다.

산의 혈맥을 따라 결혈을 찾는 이종두 회장

혈맥을 따라 결혈지로 이동

결혈의 크기와 위치를 확인

결혈 크기를 확인

수맥이 없음을 확인하고 좌향을 정한다.

산소자리(진혈) 임금, 대재가 나는 명당을 잡고 산신님께 감사의 예를 올리며 허락을 득한다.

산소자리(진혈) 임금, 대재가 나는 명당을 잡고 산신님께 감사의 예를 올리며 허락을 득한다.

산신님께 예를 올리는 이종두 회장

울산 지회장, 고객과 함께 결혈 상태 확인

혈맥을 따라 이동

결혈지의 토질이 오색토임을 확인

결혈지 좌정 후 토질을 조사하는 이종두 회장

결혈지의 양기를 손으로 감지하는 이종두 회장

명당터의 토질상태를 보고 기뻐하는 이종두 회장과 고객, 제자들

결혈처에서 따뜻한 기운이 나오는 것을 느껴본다.

결혈의 크기를 확인한다.

결혈처를 확인

결혈처에 수맥 없는 광중자리를 지정한다.

전주 이씨 후손 유족과 함께

결혈처 가로, 세로 수맥 위치 확인

수맥의 정확한 위치 확인

큰 가로 수맥을 먼저 찾는다.

산소자리 지정하여 표시한다.

기존 산소 자리 결혈처 위치와 크기 설명

주산의 혈맥을 천기비법으로 찾는다.

제3부 '혈'을 바로 알고 적용하면 운명이 바뀐다 | 265

▰▰ 폐망 터를 재벌 명당으로 바꾸는 방법

   필자는 수년 동안 전국을 돌며 사람이 죽어가고 재물이 심하게 새어 부도 직전에 있는 많은 사업가에게 하늘이 맺어준 인연을 통해 비법을 전해준 적이 있다.
   천기비법으로 혈을 이동시켜 본인이 살고 있는 '비혈의 집'과 '비혈의 사업장', '비혈처에 모셔져 있는 부모 유택'을 명당 진혈로 처방해 바꾸어 주었다.
   필자의 도움을 받은 부도 직전의 많은 사람들은 불안한 마음이 없어지고 얼굴의 상이 다시 살아나 운이 열려 성공적인 기업인으로 다시 태어나는 것을 지켜보며 가장 큰 보람을 느꼈다.
   사람은 얼굴만 보아도 재운이 들어 왔는지 나갔는지 알 수 있다. 돈은 운이 왔다고 해서 저절로 오는 것이 아니라 자신이 먼저 변해야 한다.
   재운이 든 사람은 얼굴의 상이 밝고 빛나며 퍼져 있고, 재운이 나가는 때에 있는 사람은 얼굴의 상이 일그러지기 시작하고 혈색이 죽으며 굳어지기 시작한다.
   재운이 들면 유전적으로 물려받은 성격, 성향 중에서 천석꾼, 만석꾼 부자 조상의 기질이 나날이 발동하게 되어 사람이나 사물 상황에 따라 보는 눈과 귀가 열리고 지각과 판단력이 정확해진다.
   이러한 이치로 재를 크게 이룬 사람은 모든 판단과 결정에 있어 실패가 없는 것이다. 이 지혜와 판단은 결혈처의 양기가 작용을 하는 것임을 재삼 강조하고 싶다.
   필자는 자신의 사욕과 탐심이 아닌 필자의 조상과 하늘이 준 지혜로 눈에 보이지 않는 혈맥과 결혈을 이동시켜 대재를 탄생시키고 어려움에 처한 기업을 소생시키는 하늘공사를 명(命)이 있는 한 천명(天命)이라고 생각하고 최선을 다할 계획이다.

제6장 인간 운명에 영향을 미치는 '혈' 정복하기

혈은 인간에게 크나큰 영향을 미친다

행복한 결혼식, 슬픈 결혼식

필자는 결혼 청첩장을 받고 결혼식장에 하객으로 참석할 때마다 희비를 느낀다. 남남끼리 만나 새로운 가정을 이루기 위해 양가 부모 일가친지 앞에서 밝히는 일생의 가장 기쁜 날에 혼자서 슬픔과 안타까움에 눈물을 흘리고 올 때가 많다.

신랑과 신부 부모 얼굴상과 앉은자리, 안색 등을 유심히 보아 그들이 거주하는 집이 결혈인지 비혈인지 알 수 있기 때문이다.

만일 신랑은 결혈인데 신부와 신부의 부모 집이 비혈이면 그 신랑은 현재 좋은 운에 행복한 인생이 배우자를 잘못 만나 운이 꺾이고 비혈의 집에 살게 되어 불행한 인생이 시작된다.

따라서 신랑 신부는 반드시 그 양가 부모가 결혈이 있는 집에서 사는 사람끼리 만나야 한다. 그렇게 해야 출가한 자식도 결혈이 있는 곳에서 살고 생업에 종사하게 되어 건강한 아이를 낳고 우환을 겪지 않으며 행복한 가정을 꾸릴 수 있다.

필자는 새로이 가정을 꾸리는 신혼부부는 상대편 배우자 부모의 자택이 결혈인지, 비혈인지 최우선으로 확인할 것을 권유한다.

이를 확인하기 위해서는 천기로드로 배우자 부모 집과 배우자가 생활하는 방을 조사해야 한다. 학문의 한계 때문에 3%도 맞지 않는 사주궁합에 연연하는 것은 금물이다.

어떤 일이 있어도 반드시 혈이 안방 침대까지 들어온 집에서 신혼 생활을 해야 할 것도 주문한다. 특히 살면서 그 무엇보다 결혈을 유지해야 하는 것을 명심했으면 좋을 듯하다.

사랑하는 아이의 출산과 양육

아이를 갖기 전 여자는 반드시 자신의 수·족을 비롯한 몸과 자궁을 따뜻하게 유지해야 한다.

여자가 얼굴에 혈색이 창백하고 수족이 차고 자궁이 냉하면 건강한 아이를 생산할 수가 없다. 자궁이나 난소가 냉하면 나팔관에 이상이 생겨 임신이 되지 않는다. 심하면 자궁이나 난소에 혹이나 근종이 생기고 암으로 발전할 수 있다.

원인은 결혼 전부터 오랫동안 비혈의 자리에서 잠을 자고 생활한 탓이다. 이로 인해 심장이 건강하지 못하고 피가 탁해 대사가 되지 않아 몸이 병들어 있다.

따라서 건강하고 훌륭한 아이를 얻기 위해 여자는 임신 수개월 전부터 혈의 자리에서 잠자고 생활해 몸을 따뜻하게 유지해야 한다.

불임여성이나 불구로 태어난 아이나 건강하지 못한 아이는 필자 조사결과 100명 전원이 비혈에서 생산되고, 자궁이 냉하고 몸이 찬 어머니 배에서 길러진 아이였다.

어머니 뱃속 10달이 인생 100년을 좌우한다는 사실을 명심하라. 이것이 바로 선천인 것이다. 산모가 양기가 가득한 결혈 자리에서 아이를 생산하게 되면 그 아이는 신체적으로 건강하며 태어날 때부터 부모 조상의 지혜가 발달해서 태어난다.

♠ 실사례로 본 출산과 양육

전국에 거주하는 임신여성 중에서 수·족이 냉하고, 얼굴 혈색이 창백해 건강이 좋지 않은 산모 수명의 사례를 보자.

— 사례1

부산거주 30세 초산 산모(○○○씨)의 경우 임신 7개월 차에 몸이 전반적으로 냉하고 심장, 폐, 위가 좋지 못해 병원에서 초음파 검사를 받았다.

그 결과 태아가 언청이라는 진단을 받고 불구아이에 대한 걱정과 고민 중에 소문으로 필자를 찾아왔다. 필자가 그 산모가 생활하는 집을 감정해 보니 비혈인 집이라 음기가 전반적으로 심한 곳에 생활하고 있었다.

그 후 3개월 만에 병원 의사의 검진과 치료를 병행한 결과 산모는 다달이 얼굴 혈색이 정상으로 돌아왔고 수·족과 온몸이 36.5℃ 정상으로 돌아오고 위염 때문에 속쓰림과 신물로 고생하던 증세가 멈췄다.

예정일 4일 전 자연분만으로 1시간 만에 3.2kg의 건강하고 예쁜 정상의 아이를 출산했다. 그 아이는 우는 소리와 모든 것이 다른 신생아보다 건강하게 태어났다.

― 사례2

서울 거주 신혼 부부 3쌍의 경우 서울대병원 등 병원에서 시험관 아기의 불임 시술을 2년이상 받아도 임신을 못하고 있었다.

이 3쌍의 환자들 집을 감정한 결과 공통점이 강한 비혈(음기)의 집에서 생활하고 있는 것을 확인하고 양명기석 매트리스와 방석을 이용하게 됐다. 그 결과 3쌍 전원이 6개월 이내에 전원 임신의 기쁜 소식을 전해왔다.

따라서 산모는 반드시 혈이 들어와 양기가 가득한 집에서 잠자고 생활해야 예쁘고 건강하며 명석한 내 아이를 출산할 수 있다.

개업식 날의 희·비

필자는 자연의 도구(풀대, 나뭇가지)를 들고 대기업을 비롯한 중·소 점포나 업체 사무실이 밀집해 있는 곳을 지날 때마다 돈 벌고 있는 곳과 망하고 있는 곳을 정확하게 찾아낸다.

오랫동안 준비 끝에 전 재산을 털어서 재벌의 꿈을 품고 점포나 회사를 창업하는 가장 기뻐야 할 개업식 날, 필자는 그 창업장 출입구를 들어서면서 앞에서 주인공들이 샴페인을 터트리면서 기쁘게 웃고 있는 모습이 불쌍하게 보이고 슬픔을 금할 수가 없는 이유는 그 창업하는 곳에 혈이 들어오지 못한 이유 때문이다.

사업장에 혈은 돈줄이다. 돈줄이 새 사업장에 들어오지 못하고 주위 다른 곳으로 들어갔다면 창업하는 날로부터 나는 혈이 들어간 사업장으로 운을 빼앗겨 망하기 시작한다.

아무리 좋은 아이템과 인맥, 상품이라고 할지라도 노력은 허사로 돌아가고 결국은 수 년 안에 부도를 맞아 가정과 인생이 도탄에 빠진다.

  필자는 직업, 일, 사업은 종교보다 더 신성한 것이라고 강조한다. 돈이 단지 돈이 아니라 눈, 귀가 달린 신인 것이다. 따라서 돈신은 혈(돈줄)이 들어간 곳으로만 들어가고 그 주인에게 붙는다.

  경기에 관계없이 성공하고 돈 버는 사업장에는 반드시 길에서부터 대혈이 사업장 문을 통해 들어가 점포의 카운터나 회사 사장의 책상에 꽂혀 있다.

  반대로 혈(돈줄)이 들어가지 못한 곳은 단 한 곳도 성공하지 못하고 망하고 부도난다. 사업에 실패하면 가정이 파탄 나고 인생이 폐망한다.

  이제 창업하는 사람은 귀하고 소중한 인생을 망치지 않기 위해 먼저 자신이 사는 집에 안방까지 대혈(돈줄)이 들도록 확인해 유지하고, 사업장 카운터나 오너 책상에까지 대혈(돈줄)을 유지하도록 성심을 다할 것을 강조한다.

  비혈에서 힘들게 사업하던 많은 사람들이 필자의 도움으로 집과 사업장을 처방받아 전원 흑자를 보고 돈을 벌며 성공적으로 사업을 하고 있다. 이처럼 집과 사업장의 비혈은 필자의 천기비법으로 처방해 결혈로 바꿀 수 있다.

  이제 세상이 때가 되어 인간이 자신의 귀한 운명을 보이지 않는 무언가에 막연히 좌우당하지 말고 각자가 성심으로 노력하여 결혈을 유지시켜 모두가 사업에 성공해 자신과 소중한 가정은 물론 가족을 행복하게 지키기 바란다.

  필자는 혼자의 몸으로 전국의 독자들에게 도움을 다 줄 수 없기에 제자들을 양성하기 위해 〈한국음양효혈풍수지리회〉를 발족했다.

  현재 필자의 제자들인 전국의 천기박사, 도사, 천기사들에게 천기비법을 전수시켜 그 일을 대신하게 하고 있으므로 누구라도 제자들의 도움을 받아 실패 없이 사업에 성공하길 바란다.

혈이 건강과 질병에 미치는 영향

전국에는 각종 암, 뇌졸중(뇌경색, 뇌출혈), 고혈압, 당뇨병 등 질병을 앓는 수많은 환자들이 살고 있다.

필자가 중증의 질환을 앓고 있는 환자들을 각 질병 별로 50명 이상씩 오랜 기간 관찰한 결과 모두 5년 이상 거주하고 있는 집에 문제가 있음을 발견했다.

이들의 집은 모두 음기가 강한 비혈인데다 특히 누워 자는 잠자리가 건강에 많은 영향을 미치는 데 이곳에서 다년간 생활하면서 건강이 악화됐음을 알 수 있었다.

이 환자들이 살고 있는 집에 필자가 들어가 보니 집 현관 입구에서부터 혈이 집안으로 들어가지 못하고 다른 집으로 들어가 있는 경우, 또는 거실에서 환자가 주로 앉는 자리와 누워 자는 침대자리가 비혈로 음기가 심한 상태였다.

같은 집에 살고 있는 다른 가족들의 방이나 침대 바로 옆자리는 소혈로 양기가 있는 자리였다. 같은 집에서 살고 있더라도 주 생활공간의 음기와 양기가 각기 다른 가족들은 별다른 질병을 앓고 있지 않았다.

이를 근거로 보면 입구에서 혈맥이 집안에 들어가지 못한 경우 집안에 부분적으로 혈이 뭉치는 작은 결혈처가 존재할 수 있으며, 같은 집에서 생활하는 경우라도 전혀 다른 몸 상태를 가질 수 있음을 알 수 있다.

비록 같은 공기, 같은 물, 같은 음식을 먹더라도 질병에 잘 걸리느냐 아니냐를 좌우하는 것은 집안의 생활공간에 존재하는 결혈(양기)과 비혈(음기)의 영향이 90% 이상이란 점이다.

따라서 앞서 언급했듯이 유전인자가 같은 가족이라 할지라도 대다수 시간을 결혈(양기)에서 잠자고 생활하면 질병을 유발하는 유전인자가 억제되고 건강한 신체 유전인자 세포가 활성화되어 건강을 유지할 수 있다.

반면 비혈(음기)의 자리에서 대부분 잠자고 생활할 경우 음기가 건강한 신체 세포의 증가를 억제하고 질병을 유발하는 유전인자를 활성화시켜 암, 뇌졸중, 고혈압, 당뇨 등 각종 질병이 유발되는 것이다.

이런 사실을 구체적으로 확인하기 위해 필자는 암, 뇌졸중, 고혈압, 당뇨 등 중증 환자를 대상으로 현재 살고 있는 집과 잠자리를 포함한 전체 혈맥에 변화를 시도했다.

혈맥을 집안으로 이동시켜 결혈처로 처방하자 날이 갈수록 대다수 환자들의 얼굴 혈색이 정상으로 돌아오고 오랜 동안 아주 차가왔던 손발과 몸이 따뜻하게 정상으로 회복됐다.

또한 팔, 머리 뒤의 뇌혈관 대동맥이 고무처럼 심하게 경화되어 있던 환자는 3~4개월 안에 부드럽게 완화되고, 돌처럼 굳어 있던 어깨도 부드럽게 풀어지는 변화를 보였다.

♠ 질병예방과 치료에 관한 필자의 견해

필자가 전국의 각종 질병으로 고통받고 있는 수백 명의 환자들을 대상으로 결혈, 비혈을 조사해 보니 음기와 양기가 건강에 지대한 영향을 미친다는 점을 알 수 있었다.

이들 중 건강상태가 좋지 않은 사람들은 비혈이 강한 음기에서 몇 년 동안 생활해왔고 질병 없이 건강한 사람은 반대로 결혈처의 잠자리, 즉 양기가 강한 곳에서 생활한 공통점이 있었다.

중병 환자들에게 건강을 되찾아주기 위해 필자는 가장 먼저 천기비법을 활용하여 양명기석으로 결혈을 환자의 집안 잠자리를 포함한 전체로 이동시켜 강한 양기에서 생활하게 했다.

둘째 환자들에게 음기에 노출된 신체를 빨리 양기로 바꾸기 위해 양명기석을 소재로 만든 매트리스를 깔고 자게 했고 앉아 있을 때는 반드시 양명기석 방석을 사용하도록 했다. 또 외출할 때는 음기의 피해를 입지 않도록 양명기석을 50% 실리콘 소재 속에 함유한 목걸이, 팔찌, 발찌 세트를 착용케 했다.

그리고 무엇보다 중요한 것은 환자의 병명에 따라 양한방 주치의 선생님들의 진단과 치료를 병행해야 한다. 무조건 천기비법과 양명기석만 행하면 몸이 좋아진다는 무분별한 믿음으로 응급시술이 필요한 위급한 환자에게도 이와 똑같이 적용할 수는 없다.

의학적으로 처방이 필요한 환자에게는 기본적인 처방을 하고 천기비법과 양명기석을 조화롭게 병행해 치료효과를 높여주는 게 중요하다.

이런 과정을 반복한 결과 의사의 치료 효과를 배가시키는 데 양기가 영향을 주어 환자의 건강은 시간이 지날수록 눈에 띄게 호전됐다. 따라서 건강이 좋지 않은 독자들은 혈과 양명기석 자체만 가지고 병을 치료할 수 있다는 착각과 오해가 없기를 바란다.

단, 양기가 강한 결혈처의 집에서 잠자고 생활하면 질병을 예방하여 장수하는데 가장 좋은 비결이다. 부수적으로 규칙적인 운동과 건전한 생활, 음식, 문화 등이 조화를 이룬다면 누구나 질병 없이 건강한 삶을 누릴 수 있다는 사실은 상식이다. 이 점을 명심하기 바란다.

혈 처방법은 바로 이것!

비혈(음기)의 자리에는 음기의 영향으로 유택에 모셔져 있는 조상의 음령인 백이 병들어 편치 않게 되고 그 영향으로 돌아가신 조상의 양령인 신이 살아 있는 자식의 음령인 신과 시공을 초월하여 교감하게 된다.

좋지 않은 교감이 이뤄지면 자손들에게 좋지 않은 일이 계속 이어지게 된다. 자식이 비혈(음기)의 집과 사업장 터에서 생활하거나 지내게 되면 명운이 닫혀 병들어 죽게 되고, 돈줄과 운줄이 끊어져 우환삼재를 겪으며 망하고 실패하여 폐망하고 만다.

따라서 본 '천기비법'으로 백이 안주하고 있는 조상의 유택인 산소를 이장하거나 훼손하지 않고 산의 주위 혈맥과 결혈지(양기)를 조상의 유택으로 이동시켜서 비혈(음기)의 산소를 좋은 기운으로 바꿔놓으면 후손에게 좋은 일이 일어나게 된다.

일단 조상의 백이 편안해지는 명당 진혈로 바뀌면 후손으로 하여금 우환삼재의 근원을 완전히 제거하고 운을 발생해 성공하게 하며 후손이 살고 있는 집과 소중한 사업장 터에 주위의 '양기가 지나가는 혈맥과 결혈'을 이동시키면 무병장수한다.

밝은 기운이 충만하게 되면 조상으로부터 물려받은 유전적 성격이나 성향 중 훌륭한 조상의 성격과 기질이 발동하여 지혜가 열리고 공부를 잘하고 관운이 열리게 된다. 이런 모든 조건이 이뤄지면 우환삼재의 근원이 소멸되고 대운이 들어 노력한 결과를 성취하여 성공하는 데 그 목적이 있다.

음택 처방법

매장(산소) 처방법

부모와 조상의 산소를 백이 편안하고 후손이 운이 발복되어 성공하게 하는 결혈지(양기)를 정확하게 찾아내 그 결혈지(양기)에 수맥의 여부를 1cm도 틀리지 않게 정밀하게 진단하는 게 우선이다.

물길이 지나지 않는 결혈지(양기) 중앙에 광중을 파서 유체를 모시면 부모 사후에 가장 큰 효도를 했다고 할 수 있다.

하지만 이미 수맥이 지나가고 음기가 심한 비혈지에 조상의 유체가 모셔져 있는 경우 이장을 하려면 어떤 장소를 선택해야 할지 위험부담과 불편을 겪을 수밖에 없다.

이럴 때 유택 주변의 다른 곳으로 맺혀 있는 결혈(양기)을 양명기석을 이용하여 '천기비법'으로 처방하면 백이 편치 않고 후손이 폐망하는 유택이라도 결혈(양기)이 이동된 그 순간에 수맥 파장이 따뜻한 양기 기운에 완전히 중화 소멸되어 백이 편안해지고 후손에게 발복하게 된다.

실제 필자는 전국에 수백기의 산소를 이장하지 않고 봉분을 훼손하지도 않으며 결혈을 이동시켜 명당으로 바꾸는 일을 하고 있다.

처음 이런 산소들을 찾았을 때는 수맥의 영향으로 이끼가 심하고 잔디가 자라지 않으며 잡풀이 무성한 모습이었다.

그런데 천기비법을 처방하자 이끼와 잡풀이 죽고 떼가 다시 살아나며 뱀이나 두더지 등 벌레들이 서식하던 구멍이 없어지고 봉분과 제전 주위가 노란 연둣빛으로 변했다. 나비를 비롯하여 새들까지 날아와 따뜻한 기운을 즐기는 명당터로 탈바꿈

했다.

그리고 산소 처방 후 수일 안에 백이 편해진 조상 양령의 신이 후손의 꿈에 나타나서 고마움을 표시한 경우도 있었다.

그 후손의 운이 발복되어 자녀들이 우수한 성적으로 좋은 학교에 진학했고 공직자는 능력을 인정받아 좋은 보직과 승진을 하게 되고 망해가던 사업가가 재운이 들어 크게 성공하거나 죽어가던 병자가 다시 건강한 모습으로 돌아오는 운도 누릴 수 있다.

화장(납골묘, 납골당)시 처방법

화장한 유분을 모신 납골묘나 납골당 역시 매장과 똑같이 비혈(음기)의 자리에 모시면 후손이 우환삼재를 겪고 명운과 재운이 끊겨 병들고 실패하여 인생이 폐망한다. 비혈의 납골묘, 납골당 역시 주위에 있는 혈맥과 결혈을 이동시켜서 명당으로 처방할 수 있다.

'납골묘'는 납골묘 주위 팔풍자리를 찾아서 양명기석을 묻어 주고 주위 혈맥을 막고 있는 눈에 보이지 않는 막을 찾아 열어주고 결혈을 이동시키면 된다.

그 순간 가문 전체 조상의 유체가 모셔져 있고 본인과 후손까지 차후에 들어갈 유택인 납골묘는 임금 대재가 배출되는 진혈 명당으로 바뀌고 그 순간 가문 대대로 크게 번성할 것이다.

'납골당'은 유골함이 모셔져 있는 납골당 유골함 뒤편에 신물인 양명기석을 비방으로 넣어 주면 바로 혈이 들어가게 되고 백이 편안해지며 후손이 발복하는 명당으로 바뀌어진다.

유택 없는 조상 혼을 편안한 진혈로 처방하는 방법

가족이 변을 당해 시신을 찾지 못하거나 화장하여 산이나 강에 날리는 경우, 최근 관심이 높아지고 있는 나무 밑에 뿌리는 수목장 등을 하게 되면 일정하게 영혼이 담겨 있을 집이 없기 때문에 구천을 떠돌아다니게 된다. 정처없이 헤매다가 제를 모실 경우만 그 장소에 왔다가 다시 구천을 떠돌게 된다.

당연히 후손이나 가족의 운이 우환삼재 수에 들면 고인의 양령인 신이 우환 수에 든 가족의 음령인 신과 교감을 하게 되고 병을 얻거나 큰 사고를 당할 수 있으므로 반드시 근원을 제거해야 후손이 변을 당하지 않고 행복한 삶을 살 수 있다.

실제 필자는 구천을 떠도는 혼을 지방을 써서 기도로 불러 따뜻하고 편한 곳으로 모셔 처방한다. 초혼에 응하여 지방으로 오신 혼을 따뜻하고 편안한 양명기석 단지에 모시고 이를 결혈지인 산이나 납골당에 안치하여 묘택을 마련해 주면 된다.

그러면 구천을 떠돌던 혼은 그곳에 편히 안주하게 되고 그 자리가 바로 고인의 유택이 되는 것이다. 그 순간부터 후손들 우환의 근원이 제거되고 운이 발복되어 성공의 길이 열린다.

그러나 초혼은 아무나 할 수 있는 일이 아니다. 필자처럼 도의 경지에 도달한 사람만이 할 수 있다. 또한 필자는 누구든지 다른 사람이 눈으로 확인할 수 있도록 정령과 허령을 마음대로 부르고 보내는 능력을 지니고 있다.

누구든지 조상의 유택이 없어 근심과 고난으로 살고 있는 사람이라면 필자의 도움을 받아서 마음 편히 조상의 혼을 편히 쉴 수 있는 명당 진혈의 묘택을 마련하고 우환삼재의 근원을 제거하여 행복한 삶을 살기 바란다.

산소 주위 사방을 살펴 조사

비혈 산소의 혈을 이동시키기 위하여 결혈처 처방

비혈 봉분 주위 8풍 위치에 양명기석 처방 장면

결혈이 이동되어 명당으로 바뀐 상태

이종두 회장이 발명한 결혈 탐사기로 결혈지를 확인

산의 결혈처를 산소로 이동하기 위하여 처방 위치 확인

양명기석으로 결혈지에 처방 장면. 결혈 이동

산소로 크게 결혈이 맺힌 상태를 확인

제3부 '혈'을 바로 알고 적용하면 운명이 바뀐다 | 281

결혈이 이동되어 명당으로 바뀐 상태를 함께 확인

처방 후 고인에게 후손 발복 기도

자녀가 질병에 걸려 비혈의 산소를 처방하기 전 기도

비혈 산소 처방 전 결혈 위치 확인

고객에게 천기비법(결혈처)을 설명

양명기석 단지를 묻어 결혈처로 바꾼다.

비혈 산소로 혈을 이동시키기 위하여 진혈처 조사

비혈 8풍 위치에 양명기석으로 처방하는 장면

혈이 이동되어 결혈 명당으로 바뀐 상태

비혈 산소 봉분 주위 8풍 위치에 양명기석 단지를 묻어 결혈을 봉분
으로 이동시켜 명당 결혈지로 바꾸는 장면

양명기석이 든 양기단지를 묻으면 결혈처로 변한다.

처방 후(임금, 대재)가 나는 명당 진혈로 바뀌어 후손이 우환삼재
없이 운이 발복한다.

이종두 회장이 세계 최초로 개발한 결로 방지용 3중 석실 구조의 납골묘

납골당이 음기가 심한 비혈인 것을 확인

비혈 납골당에 모셔진 유분을 양명기석 유골함에 모시는 장면

비혈 납골당에 양명기석 유골함을 모시는 장면

비혈 납골당에 혈이 들어가 결혈(양기) 납골당으로 바뀐 장면

제3부 '혈'을 바로 알고 적용하면 운명이 바뀐다 | 287

양택 처방법

주택, 사업장 처방법

우리가 살고 있는 주택은 단독이나 연립, 아파트 등 형태가 어떠하든지간에 길을 따라서 혈맥이 이동한다. 이를 통해 결혈이 맺힌 명당 집과 혈이 들어가지 못해 폐망한 집으로 구분된다.

필자가 조사한 바에 따르면 전국의 귀신 나오는 흉가나 자살한 사람이 살던 집, 암이나 풍 등 병들어 죽은 사람이 살던 방, 가산을 탕진하여 폐망한 사람이 살던 집은 한결같이 공통점이 있다.

이렇게 좋지 않은 일을 당한 집들은 모두 혈맥이 대문이나 현관 입구에서 들어가지 못하고 음기가 심한 비혈의 집들이었다.

반면 좋은 대학에 진학하고 고시에 합격한 사람이 공부하며 잠자던 방, 어려웠다가 수년 안에 수백억을 벌어서 성공한 사람이 사는 집, 말기 암 선고를 받고 의사가 포기하여 죽어가다가 다시 살아난 사람이 잠자고 생활하던 집은 한결같이 길을 따라 지나가는 혈맥이 그 사람들이 생활하는 집의 대문과 현관을 통해 들어감을 알 수 있다.

이렇게 좋은 기운이 누워 자는 잠자리, 공부하는 책상, 거실 등 집 전체에 구석구석마다 결혈이 맺히면 명당으로 자리잡게 된다.

따라서 비혈의 집에서 생활하고 비혈의 자리에서 사업을 하게 되면 각종 어려움과 실패를 겪는 것은 불을 보듯 뻔한 일이다.

안 좋은 기운이 가득하면 태어날 때 유전적으로 부모 조상으로부터 물려받은 신체 유전인자 중에서 건강한 세포 유전인자 증폭은 억제되고 병적 유전인자가 활성화되어 명줄이 끊어져 병들어 죽게 된다.

　부모 조상으로부터 물려받은 성격, 성향 중에서 훌륭한 조상의 성격인 밝고 바르고 용기 있고 재산을 모으는 지혜의 기질은 억제되는 반면 실패한 조상의 성격 기질인 우울하고 거칠고 난폭하고 포악하며 비굴하고 가산을 탕진시켜 거지로 만든 기질이 발동하게 된다.

　또한 눈과 귀가 닫혀 분별력이 없어지고 지각이 닫히게 되어 매사에 실패하여 폐망에 이르게 한다. 따라서 자신 뿐 아니라 자손 대대로 행복한 삶을 살아가기 위해서는 반드시 생명처럼 소중한 혈맥과 결혈이 본인과 가족들이 생활하는 양택 터에 들어오게 해야 한다.

　비혈, 음기가 심한 집이나 사업장 터를 처방하기 위해서는 필자의 '천기비법' 으로 제일 먼저 대문과 현관 입구에서부터 혈이 들어오도록 처방해야 한다.

　또한 눈에 보이지 않는 막을 찾아내어 양명기석을 이용하여 막을 열어 혈을 당겨야 하고 집안에 가로·세로로 혈맥을 막고 있는 막을 모두 찾아서 제거해야 한다.

　집 안과 밖 사방으로는 혈이 새고 있는 곳을 찾아서 '양명기석' 을 설치하면 그 순간에 집안으로 들어오지 못하던 '혈' 이 집안으로 밀려들어오게 된다.

　이렇게 밀려들어온 좋은 기운이 잠자리와 책상, 거실, 방, 집안 구석구석까지 결혈이 맺히면 미래에 좋은 일만 이어지게 된다.

　수년 간 필자는 수백 군데의 병들어 죽어가던 집과 사업장 터를 성공하는 곳으로 처방해 주고 있다.

　병들어 죽어 가는 집과 사업장 터에 좋은 기운이 가득하도록 처방하자 병들어 죽어 가는 사람이 다시 건강을 되찾고 부도 직전에 있던 사업가가 크게 성공을 했다.

　그런가 하면 성적이 좋지 않던 학생의 얼굴과 성격이 달라지고 지혜가 열려 명문대학에 진학하고 국가고시에 합격하여 성공할 수 있었다. 이들의 막혀 있던 운을 열어주었기 때문이다.

고객과 함께 혈맥을 따라 이동

혈맥을 따라 아파트 안으로 이동

원래 결혈이 맺힌 집을 찾아가는 이종두 회장

원래 상태에서 안으로 혈맥이 들어가는 집을 확인

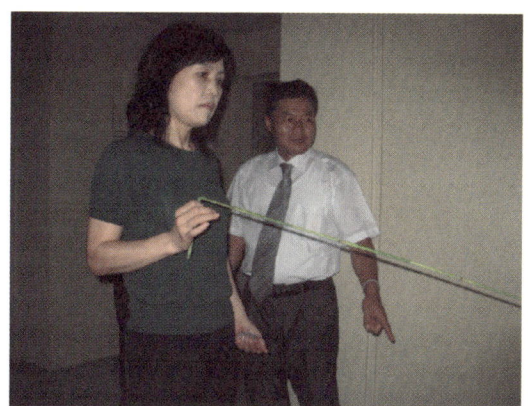
고객이 직접 결혈처 확인

처방 전 비혈 상태 확인

제3부 '혈'을 바로 알고 적용하면 운명이 바뀐다 | 291

비혈 주택의 처방할 위치 확인

처방 후 혈이 주택 안으로 들어오는 것 확인

처방 후 혈이 주택 안으로 들어오는 것 확인

처방 후 안방

제3부 '혈'을 바로 알고 적용하면 운명이 바뀐다 | 293

고객 집에 혈이 들어오지 못하고 새는 장면

고객 집 주위 혈이 어디로 이동하는가 확인

혈의 이동을 설명하고 있는 이종두 회장

집안에 막힌 혈맥을 여는 장면

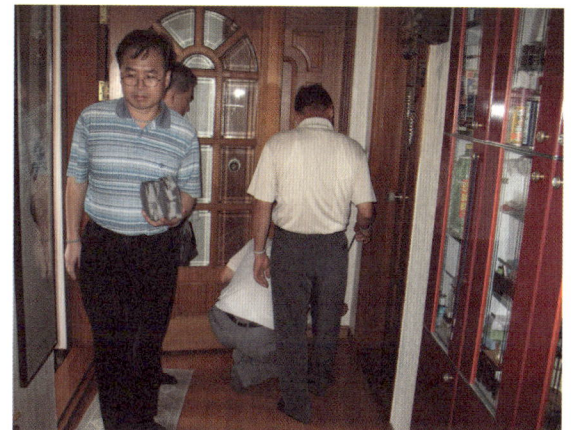
천기비법으로 처방하는 이종두 회장

집안의 혈의 이동을 확인

제3부 '혈'을 바로 알고 적용하면 운명이 바뀐다 | 295

천기비법 처방 후 혈이 방안으로 들어온 것 확인

처방 후 방안이 양기로 바뀐 것을 확인

천기비법 처방 후 비혈의 터가 결혈의 터로 바뀐 것을 확인

결혈 처방 후 집지을 터의 지신님께 기도

비혈 사업장을 처방하기 전 혈맥 확인

비혈 사업장(공장) 결혈 위치 확인

처방 후 큰 혈맥이 회사로 들어간다.

명당 사업장으로 처방 후 고객과 함께

비혈 아파트 부지 처방 전 지신님께 예를 올리는 장면

비혈 아파트 부지 명당 처방하는 이종두 회장

제3부 '혈'을 바로 알고 적용하면 운명이 바뀐다 | 299

××일보 천기비법으로 처방 후 결혈 확인

××일보 사옥 처방 후 혈 이동에 대한 감사 기도

광주 900cc 골프장 혈맥방향 조사

광주 900cc 골프장 결혈처 진단 장면

사무실 비혈 자리 음기 확인

사무실 결혈 자리 양기 상태 확인

비혈 자리 근무 직원 건강 상태 확인

대표이사 집무자리 결혈 상태 확인

커피숍 결혈 위치 확인

비혈의 커피숍을 천기비법으로 처방

천기비법 처방 후 커피숍 전체가 양기로 변한 장면

처방 후 기도하는 장면

천기비법으로 처방 후 식품회사 안으로 혈이 들어가는 장면

천기비법 처방 후 식품회사 전체가 양기로 변한 장면

비혈 사업장의 혈맥 이동 확인

천기비법 처방 후 비혈 사업장 전체가 양기로 변한 상태

비혈의 수영장이 처방 후 결혈지로 바뀐 장면

양명기석으로 비혈을 결혈로 바꾸는 장면

결혈을 농장으로 이동시켜 양기(+10)로 바뀐 장면

처방후 경기 화정 젖소농장 결혈 진단 장면

비혈지 젖소 농장에 양명기석 처방 후 생산된 양기 우유

제3부 '혈'을 바로 알고 적용하면 운명이 바뀐다 | 305

비혈지 사업장 양명기석 처방 후 혈의 이동 조사 (3개월 후)

비혈지 사업장 양명기석 처방 후 현도산업 사장님과 함께

양기 우유는 일반 우유에 비해 맛이 고소하고 월등하다.

전남 영암 혈이 빠져 고사 직전의 나무를 확인

처방 후 결혈(양기)로 바뀐 상태 확인

제3부 '혈'을 바로 알고 적용하면 운명이 바뀐다

처방 후 광주 한종석 지회장, 송파 이점헌 지회장, 마을 어르신들과 함께

결혈로 처방 후 1개월 후 다시 살아난 나무 상태

혈은 운명을 좌우한다

불임과 불구자의 출생

일반 사람들의 대체적인 소망은 큰 사고 없이 가족들 모두 건강하게 사는 것이다. 크게 부자가 되고 싶다는 욕망도 있지만 무엇보다 가족들에게 문제가 생기지 않기를 바라는 게 우선 순위다.

그런데 장애를 갖고 태어난 가족이 있거나 간절하게 아이를 원하지만 임신을 하지 못한다면 어떨까.

필자가 장애를 갖고 태어나거나 아이를 낳지 못하는 여성 100명을 대상으로 잠자는 방의 혈을 조사한 결과 단 한 명의 예외도 없이 모두 혈이 들어오지 못한 심한 비혈의 자리에서 잠자고 생활하고 있었다.

여성이 비혈에서 잠자고 생활하면 비혈 음기의 영향으로 심장이 나빠지고, 피가 탁하게 되어 혈전이 생기고 머리카락처럼 가는 미세혈관이 막혀 손발과 아랫배 자궁이 차가워진다.

자궁이 냉하면 나팔관에 이상이 생겨 정자와 난자의 수정이 되지 못하여 임신이 되지 않으며, 자궁에 근종과 혹이 생기고 암으로 발전할 수 있다. 아기를 임신하지 못하는 불임여성은 한결같이 자궁이 냉한 것이 원인으로 심한 비혈의 자리에서 음기 영향에 노출된 경우이다.

장애를 갖고 태어난 아이는 산모가 임신했을 당시 비혈의 자리에서 생활하게 되면 날이 갈수록 음기 영향으로 자궁과 몸이 냉해지고 태아가 정상으로 발육이 되지 못하여 불구로 태어나게 된다.

필자는 서울대를 비롯하여 유명대학 병원에서 시험관 아기를 시술받고 있는 불임 여성들에게 잠자고 생활하는 집의 혈을 이동시켜 결혈지로 바꾸어 처방한 바 있다.

이렇게 한지 수개월이 지나지 않아 굉장히 차던 몸과 자궁이 따뜻하게 바뀌고 창백한 얼굴 혈색이 정상으로 돌아오며 임신을 할 수 있었다.

임신 7개월에 병원에서 초음파 결과 언청이로 판명받은 태아가 결혈지를 바꾼 결과 예쁘고 건강한 정상의 아이로 바뀌어 태어난 일도 있다.

모든 불임 여성은 결혈지로 거처를 옮기면 수개월 안에 굉장히 차던 몸과 자궁이 따뜻하게 돌아와 임신이 되며 건강한 아이를 출생할 수 있다.

따라서 모든 여성은 소중한 아이를 갖기 전에 반드시 거처를 명당 결혈지로 옮겨서 몸과 자궁을 따뜻하게 바꾼 후 임신을 하면 건강하고 지혜롭고 훌륭한 아이를 낳을 수 있다는 점을 명심하기 바란다.

암, 풍, 당뇨, 고혈압 환자와 혈

중병에 걸려 죽어가는 수많은 사람들을 살펴보면 한결같이 음기가 심한 비혈의 자리에서 잠을 자고 생활하고 있음을 알 수 있다.

이런 자리에서 오랜 시간 생활하게 되면 심장이 하루하루 날이 갈수록 나빠지고 심장, 신장, 간을 비롯한 오장 육부의 기능이 병들게 되며 면역 기능이 저하되어 암을 비롯한 각종 질병에 고스란히 노출된다.

사람의 심장 기능이 나빠지면 피가 탁해져서 혈전이 생기고 이 혈전으로 인해 미세혈관이 막혀 대사가 원활하지 못하고 뇌혈관 대동맥이 경화되어 혈압 상승과 콜레스테롤 수치가 높아지며, 암이나 풍 등 심각한 질병이 나타나게 된다.

필자는 간, 신장 기능이 완전히 저하되어 이식을 하지 않으면 안 되는 환자, 중풍, 간경화, 하반신 신경 손상으로 인한 불구자, 간질환자 등 전국의 양 한방 의원에서 치료가 불가능하다고 판정한 중환자를 대상으로 천기비법을 행한 바 있다.

심한 비혈 자리에서 잠자고 생활하던 환자들에게 '천기비법'과 '양명기석'을 활용하여 혈맥을 이동시켜 양기가 강한 결혈지로 처방했다.

그러자 수개월 안에 그렇게 힘들어하고 나아질 가능성이 없어 보였던 환자들이 예외 없이 얼굴 혈색이 정상으로 돌아오고 싸늘하게 차져 있던 손발과 몸의 체온 역시 따뜻하게 정상으로 돌아왔다.

고무처럼 경화됐던 뇌혈관 대동맥과 어깨가 돌처럼 굳어 있던 환자 모두 부드럽게 완화가 되어 건강을 되찾고 정상적인 생활을 할 수 있게 됐다.

주의할 점은 모든 환자는 천기비법으로 혈을 처방하여 집과 잠자리가 양기로 바뀌었다 하더라도 몸이 변화하고 수치가 바뀔 때마다 양·한방의 주치의에게 정기 검진 및 처방을 받아 치료를 병행하여야 함을 명심하기 바란다.

▰▰ 건강과 장수비결

전 세계 인류는 사람이 질병 없이 장수하기 위하여 엄청난 노력을 기울이고 있다. 수천 년 동안 인간이 질병 없이 건강하게 장수하는 비결로 다음과 같이 생각하는 것이 일반론이다.

1) 좋은 물을 먹는 것.
2) 좋은 음식을 먹는 것.
3) 좋은 공기를 마시는 것.
4) 규칙적인 생활을 하는 것.
5) 규칙적인 운동을 하는 것.
6) 과다한 스트레스를 받지 않을 것.
7) 정기적인 건강 검진을 받을 것.

이상과 같은 사항들이 건강을 유지하고 인간이 장수하는 비결이라고 사람들은 인식하고 있다.

그러나 과연 어떤 것이 인체의 건강을 유지하는데 좋은 것인지 전 세계 그 어떤 사람도 과학적이고 논리적이며 재현성 확인을 거쳐 건강과 장수의 근원적인 원리를 명확하게 실험하여 밝힌 이가 없다.

필자는 타고난 영적인 기운과 부단한 노력으로 건강유지와 장수의 근본적인 원리를 완전히 풀었으며 필자의 원리를 과학적으로 입증하기 위하여 현재 임상실험을 진행하고 있다.

필자가 밝히는 건강유지와 장수의 비결을 아래와 같이 공개하는 바이다.

장수비결

1) 결혈(양기)의 자리에서 잠자고 앉고 생활하여야 한다.
2) 결혈(양기)의 샘에서 나는 물을 먹는다.
3) 결혈(양기)지에서 비료나 농약 없이 천연으로 재배된 농산물을 먹는다.
4) 결혈(양기)지의 축사에서 생육이 된 고기를 먹는다.
5) 결혈(양기)로 걸러진 공기의 공간에서 생활한다.
6) 결혈(양기)의 축사에서 사육한 젖소가 생산한 양기우유를 먹는다.
7) 규칙적인 운동을 한다.

상기와 같은 조건에서 생활하면 누구나 질병에 걸리지 않고 건강하게 장수할 수 있다.

예) 비혈의 농지에서 생산된 인삼이나 농산물은 자체로 음기에 노출되어 병들은 농산물을 먹는 것으로 건강에 해로울 것이며 비혈의 축사에서 사육된 고기를 먹는 것도 음기의 영향으로 병들은 고기를 먹는 것이며 장기간 축적되면 인체에 질병을 유발시킨다.

따라서 우리가 먹는 주식이나 모든 채소, 과일, 우유, 고기, 물을 반드시 양기로 생산된 것을 먹어야 산삼보다 더 좋은 보약이며 장수의 비결이다.

따라서 필자는 전 세계에 질 좋은 천연의 농·축산물을 보급하고 우리나라 전 농가를 세계 최고의 부농으로 만들기 위하여 전 세계에 필자의 '천기비법'으로 '양기농법, 양기축산법' 특허를 출원하여 2008년부터 양기제품을 출시할 예정이다.

'장수비법'은 따로 있다(장수인편)

■ 강복례님 자택

강복례님은 96세로 장수하는 분이다. 전북 장수군에 위치한 주택을 조사한 결과 풍수지리학상으로는 특징이 없는 평범한 주택이지만 지기학상 주무시는 방안이 결혈처로 음기가 없고 양기가 가득한 명당이다. 현관에서부터 마당, 방안, 집 전체가 양기가 가득하다. 이 양기로 인해 우성 유전인자를 활성화하여 혈액순환이 좋아 얼굴 혈색이 홍조로 건강한 색이며 얼굴 인상도 굳어지지 않고 밝게 펴져 있다.

또한 팔의 경맥이나 머리 뒤 중요 경맥, 주경맥, 어깨 등이 굳거나 뭉쳐 있지 않고 부드러우며 심신이 편하고 건강하다.

강복례(96세)님(집으로 혈이 들어감)

강복례(96세)님 자택
현관에서부터 마당, 방안, 집 전체가 양기가 가득한 장수 결혈 명당

강복례(96세)님 방
사람이 장수하는 근본원인은 잠자고 기거하는 방안에 강한 양기가 원인이며, 강복례님 방은 강한 양기가 사진처럼 방 전체에 가득하여 장수하는 결혈 명당이다.

강복례(96세)님 방

강복례(96세)님 방

■ 임종철님 자택

　임종철님은 전남 구례군에 사시는 분으로 101세이다. 이 분의 자택은 동네 가운데 위치하고 있는 평범한 주택으로 집 몸체 옆의 사랑채에 거주하고 계시다.

　임종철님이 주무시고 기거하는 방과 마당은 혈이 크게 맺힌 결혈처로 양기가 가득한 명당이다. 이런 방에서 옮기지 않고 계속 생활한다면 누구라도 90세 이상 지병 없이 장수하는 명당이라고 할 수 있다.

임종철(101세)님 자택
임종철님의 자택은 집마당이 결혈 명당이다.

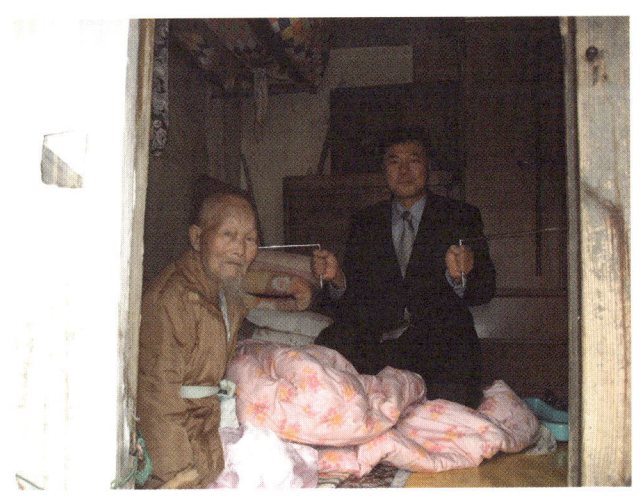

임종철(101세)님 방
주무시는 방이 전체에 음기가 전혀 없고 양기가 강한 결혈 명당

■ 김화유님 자택

고 김화유님은 106세로 장수하시고 편안하게 돌아가신 분(2005년)이다. 이 분이 생전에 거주하신 전남 구례군에 있는 주택은 외관상 허술하고 오래된 슬레이트 주택으로 겉이 초라하고 누추하다.

그러나 집 방안이나 주위 전체가 결혈지로 양기가 가득하다. 이런 곳이 장수하는 명당터이며 김화유님은 이 양기로 오래 장수하셨다.

고 김화유(106세)님 자택
집은 초라하고 누추하나 집 전체가 양기가 가득한 결혈 명당. 2005년 106세로 별세하신 김화유님 집터

■ **임복순님 자택**

전남 담양군에 사시는 임복순님은 장수하시는 분으로 올해 101세이시다. 100세가 넘으셨는데도 아직 건강이 좋으시고 정정하시다.

임복순님이 주무시는 방과 마당, 집 전체에는 결혈처로 양기가 가득하다. 장수하는 명당터에 계신 것이 장수하는 비결이다.

임복순(101세)님 자택
마당, 방, 집 전체가 양기가 가득한 결혈 명당. 무병장수의 근본원인은 결혈처이다.

임복순(101세)님 자택
마당, 방, 집 전체가 양기가 가득한 결혈 명당

임복순(101세)님 방
잠자는 방에 결혈되어 양기가 강하면 무병장수한다.

'장수비법'은 따로 있다(명당터편)

 따뜻한 양기가 올라오는 결혈 명당은 양기 기운으로 사람이 장수함은 물론 식물도 병 없이 잘 자란다. 동물이나 어류도 마찬가지이다. 이처럼 양기가 올라오는 명당은 모든 생물에게 좋은 영향을 미치고 사람에게는 장수하게 한다.

한진수님 태어나 자란 터
 한진수님은 행정고시에 패스하고 중앙 공직에 있는 분이다. 이 분이 자란 터(전북 장수군 천천면)는 마당과 방안 전체가 혈이 크게 맺힌 양기가 가득한 명당이다.
 이 같은 결혈 명당터에서 태어나 자라고 공부하면 태어날 때부터 유전자 중 우성 유전인자가 활성화되어 지각이 열리게 되고 지혜가 샘솟는다. 따라서 고시에 패스하고 큰 인물이 되는 경우가 대부분이다. 그 형제분들 역시 금융계 고위직에 근무하고 있는 것으로 확인됐다.

한진수님 자택

한진수님 자택

집안 전체가 양기가 가득한 결혈 명당터에서 나서 자라고 공부하면 한진수님처럼 고시패스도 하고 형제분들이 은행간부 등으로 입신·성공한다.

명당터

결혈 명당(양기 방출)

제3부 '혈'을 바로 알고 적용하면 운명이 바뀐다 | 321

▬ '장수비법'은 따로 있다(환자편)

■ 박서연님 자택(2006년 8월 출판된 〈음양지기〉 내용)

박서연님은 44세로 서울 서초구 양재동에 소재한 빌라 4층 403호에 거주하는 분이다. 저자가 감정 당시 유방암 2기 진단을 받은 상태였다. 삼성의료원에서 오른쪽 유방 절개 및 암 제거 수술을 받고 항암제를 복용한 지 1년 6개월 경과했다.

이 분은 얼굴색이 창백하고 수족이 차며 하루에 여러 번 팔과 다리가 저려 어머님이 항상 곁에서 간호해야 될 정도로 암 수술 후유증으로 고생했다.

거주하는 빌라에 들어서자 입구에서부터 거실, 식탁, 화장실, 침실, 안방, 건너방, 베란다 등 집안 전체가 비혈지로 음기가 가득했다.

이처럼 음기가 있는 방에서 8년 이상 잠을 자고 생활할 경우 태어날 때 부모 조상으로부터 물려받은 DNA(유전인자) 중 병적 유전인자가 활성화된다.

건강한 세포가 억제되어 암이 발병하고 이런 비혈 음기가 심한 방에서 수술 후 계속 잠을 자고 생활할 경우 혈색이 창백해지고 체온이 떨어져 수족이 차며 회복이 되지 않고 암이 재발할 가능성이 조사결과 많다고 생각된다.

박서연님은 현재 저자가 개발한 음기차단 천연양기 방출제품을 사용한 후(2005년 10월 15일부터 현재까지) 2년이 경과한 현재 얼굴색이 장수하는 분과 같이 붉고 좋아졌으며 수족이 건강한 사람처럼 따뜻해졌다. 현재는 천기아카데미 이사로 건강하게 재직하고 있다.

박서연님 자택 현관(처리 전)
입구에서 비혈 음기가 방출되는 장면

박서연님 자택 현관
양명기석 처방 후 – 집안에 혈이 들어가 양기가 있으면 입구가 열림
비혈 음기가 강하면 현관과 안방 문앞의 재문이 닫혀 있고 나가는 재문이 열려 가난하나 양명기석으로
출입구 안쪽 양옆을 설치해 재문이 열리는 장면

박서연님 방(처리 전)
비혈(음기)가 강한 방에서 수년 간 잠자고 생활하면 암에 걸린다.

박서연님 방(처리 후)
양명기석 처방 후―양기가 나오는 명당으로 바뀐 장면
비혈(음기)가 강한 방에 양명기석으로 처방한 후 바로 양기가 가득한 명당으로 바뀐 장면

■ 한을석, 오복임님 자택

한을석(중풍), 오복임(작고)님 자택 1
집안에 비혈 음기가 강하면 대문 입구가 닫힘

한을석(중풍), 오복임(작고)님 자택 2

■ 박점이님 자택

박점이(57세, 대장암 수술 3회)님 자택
자택 입구 및 현관 입안 전체 비혈지

박점이님 방
비혈지(음기)에 대장암 환자가 잠자고 거처하는 방

■ 정두수님 자택

정두수(68세, 위암)님 자택
병원에 입원 중인 위암 환자 자택 — 비혈지

■ 황금순님 자택

경기도 하남시에 사는 황금순님은 36세로 현재 아파트 7층에 거주하고 있다. 이 분이 거주하는 방안과 앉아 있는 거실, 소파 자리, 아이들 방 등 전체가 혈(양기)가 전혀 없다.

비혈지로 음기가 집안 전체에 심하게 있는 상태였으며 혈색이 창백하고 수족이 차며 자궁암 수술 후 1년이 경과한 분으로 건강이 좋지 않았다.

황금순님 아파트 동 입구
원래 상태-비혈지

황금순님 자택 안방 1
거실 및 방이 음기에 노출되어 있는 상태. 잠자는 방의 비혈지로 음기가 강하면 암에 걸릴 가능성이 많아진다.

황금순님 자택 안방 2
양명기석 처리 후—결혈된 상태
지기는 수십 층 고층에도 층마다 집마다 각기 다르게 1층과 똑같이 영향을 미친다.

황금순님 자택 자녀방

황금순님 자택 자녀방

비혈지(음기). 자녀방에 음기가 강하면 아이 얼굴에 핏기가 없어지고 수족이 차며, 병이 오고 성격이 우울하고 날카로워져 집중력은 물론 학업성적이 현저하게 떨어진다.

■ 윤점숙님 자택

윤점숙님은 양기가 가득한 진혈의 구옥 사랑채의 방에서 거주하시며 101세로 장수하시는 임종철님 며느리로 임종철님과 한 집안에서 같은 물, 같은 음식을 먹고 같이 생활하고 있다. 그러나 윤점숙씨가 거주하는 몸체와 방은 비혈처로 음기가 심하고 양기가 전혀 없다. 이런 방에서 남편과 함께 10년 이상을 생활해 왔다.

윤점숙님은 안색이 창백하고 병 때문에 얼굴이 굳어져 있으며 수족이 차다. 현재 갑상선암 등 병으로 고생을 하며 남편 역시 간암으로 고생하고 있다. 이처럼 병에 걸리는 근본 원인은 무엇보다 큰 비중을 차지하는 것은 잠자리의 심한 비혈이 원인이 된다는 게 필자가 연구하고 조사한 결과이다.

임종철님 자부 윤점숙(57세, 갑상선 3회 수술)님 방

임종철님의 자택은 집마당과 어른의 아랫채 방은 진혈의 명당이나, 한 집안이라 하더라도 큰자재 임병현(59세)씨와 자부 윤점숙(57세)씨가 기거하는 몸체 방은 음기가 가득한 심한 비혈의 방이라 간암, 갑상선 등 병이 오는 흉지이다. 따라서 같은 물과 음식, 공기를 마셔도 잠자고 앉아 있는 방이 양기가 많은 명당이면 100세 이상 장수하고, 잠자리가 음기가 가득하면 암에 걸리고 병이 오는 흉지이며, 이 세 가지 중 무엇보다 건강의 첫째는 터이다.

■ '장수비법'은 따로 있다(화장편)

흔히 세간에서는 화장할 경우 무해무탈(無害無脫)하다고 생각하는 사람들이 많이 있다. 그러나 이는 위험천만한 생각이다.

저자가 생각할 때 화장과 생장의 차이는 사람은 죽으면 혼(魂)과 백(魄)으로 분리되는데 여기서 체는 살아 있을 때 의미가 있고 죽으면 시신에 불과하다.

따라서 안장하는 경우 남아 있는 음식물의 영향으로 장기가 제일 먼저 부패하여 썩게 되고 이 영향으로 벌레가 생겨 살은 벌레가 먹고, 뼈는 공기와 수분의 영향으로 부식되어 진토되므로 의미가 없다.

결국 화장과 생장의 차이는 의미가 없는 시신을 그냥 원래 상태로 땅속에 파묻는 것과 1200℃에 태우는 것만 다를 뿐이다. 다시 말해, 의미가 없는 시신을 그냥 땅에 묻거나 1200℃ 열에 태우거나 중요한 혼백은 사라지지 않는다.

이 이치로 볼 때 화장을 해도 반드시 고인의 유골을 양기가 가득한 명당이나 납골당, 납골묘에 잘 보관하고 정성으로 모셔야만 혼백이 편안하며 양기가 작용하여 후손이 건강하고 부자가 되며 큰 인물이 난다.

실례로 조상의 유골을 화장해 산이나 강에 뿌린 분 중에서 장·차관이나 재벌 또는 대통령 등 큰 인물이 난 사람은 조사 결과 단 한 사람도 없었다.

가족납골묘 24위
한 가족 조상 전체의 화장한 유골을 모신 납골묘가 비혈 음기가 강하면 집안이 패망한다.

가족납골묘 24위
음기가 강한 흉지에 설치된 가족납골묘를 양명기석 유골함에 모신 후 결혈 명당으로 바뀐 장면

일산 납골당
비혈(음기)—흉지. 화장하여도 반드시 조상의 유분을 양기가 강한 결혈 명당에 모셔야 한다.

일산 납골당
양명기석 유골함 안치 후—결혈(양기)

제7장 수 맥

▬▬ 수맥 올바로 이해하기

수맥이란 지하 땅속의 흘러가는 물길을 말한다. 이 수맥에는 땅을 단층으로 절단하면 어느 곳이든 일반적인 경우 제일 상단에 토사층이 있고 그 밑에 암반층이 구조적으로 존재한다.

수맥 중에는 빗물이나 땅속으로 스며든 건수가 흘러가는 땅속의 건수맥이 있고 땅속 토사층이나 암반층에서 솟아나는 생수가 흘러가는 생수맥이 있다.

일반적으로 세인들은 수맥이 지나가면 양택이든, 음택이든 해롭다고 생각을 하며 생명체에 영향을 미치고 있다고 전 세계를 막론하여 일반인, 과학자, 대체의학을 하는 의사들조차 생각하는 견해가 다분하다.

필자가 다년간 연구 조사한 바에 의하면 수맥은 단지 냉기로만 영향을 미치는 것으로 그 수맥이 절대적으로 해로운 것은 아니다.

지하 땅속으로 흘러가는 물길 즉 수맥으로 물이 흐를 때 부딪치는 압력이나 소리의 진동 및 파장 등의 영향으로 땅을 뚫고 지상으로 방출되어 올라오는 그 파장을 바로 수맥파라고 정의하며 비혈의 수맥파는 해롭다고 할 수 있다.

수맥파는 단파다

우리 인간은 두뇌와 오장육부 신체 모든 감각 기관이 지구 고유 주파수인 장파에 적응되어 있으며 장파는 우리 생활에 일반적으로 접하는 파장이다(예 : 형광등을 비롯한 전구 불빛 자외선을 제외한 해, 달, 빛, 음악, 자연의 소리, 북, 종소리 등의 진동과 파장).

수맥파는 수백 수십 미터, 지하 땅속으로부터 지상으로 뚫고 올라오며 투과하는 파장이기에 장파가 아닌 단파라고 추측할 수 있다.

우리가 일상생활에 이용하며 활용하는 소리나 파장은 대부분 생명체에 무해한 장파이다. 하지만 핵이 폭발할 때 방출되는 파장은 단파이며 자외선, X선, 원적외선 등은 모두가 투과력이 있는 단파이다.

이런 단파는 인체에 장기간 노출시 뇌파에 교란을 주게 되고 염색체 면역체 등이 변형되어 고유의 신체기능에 이상이 생기며 질병의 원인이 된다고 생각하는 견해가 다수이다.

때문에 원적외선이 방출되는 찜질방에 어린 아이를 장시간 방치하면 살을 투과한 원적외선 파장이 약한 아이의 뇌를 손상시킬 위험이 있다.

수맥파는 사선으로 환류한다

수맥파는 원래 지표까지는 수직으로 상승하나 지상의 인공으로 건조된 집이나 빌딩 등의 건물에는 사선으로 방출되어 올라오며 3만 피트 상공까지도 영향을 미친다.

오래된 담장이나 건물, 아파트, 벽을 보면 수직으로 크랙(금)이 간 곳은 한 곳도 없으며 100%가 사선으로 갈라져 있다.

우물자리를 찾을 때는 성토하지 않은 원지반의 경우 엘로드, 버드나무, 구리철사 등을 이용하여 과학적인 방법으로 측정하여 가로 세로 물길의 폭을 찾을 수 있으며, 사계절 마르지 않고 충분한 우물을 찾을 수 있다.

이런 사실로 볼 때 수맥파는 원 지표까지는 수직으로 상승하고 건조물인 경우 사선으로 투과하여 방출되는 단파이다.

수맥파와 혈의 영향

우리가 알고 있는 것처럼 수맥파가 인간을 비롯한 동·식물의 생명체와 돌아가신 조상의 혼과 백에도 영향을 미치나 그 수맥파는 결혈처(양기)에서는 영향을 받지 않는다.

독일이나 미국의 대체의학을 연구하는 암 전문 의사들이 연구한 것을 보면 고층 아파트에서 수맥파는 수직 상승한다고 주장하고 있다.

그러나 필자가 조사한 바에 의하면 수맥파는 고층의 경우 고층 아파트 동일 선상에 환자가 많이 발생되는 아파트 동은 그 아파트 동, 현관입구에서 원천적으로 혈맥이 지나가지 않아 결혈처가 없는 비혈(음기)이 심한 경우임을 확인했다.

수맥이 지나간 주택에도 혈맥이 들어와 결혈처인 자리에서 잠을 자고 생활하는 사람, 동·식물 등을 임상 실험한 결과 혈(양기)에서 방출되는 양기가 수맥의 짧고 해로운 파장을 중화 차단시켜 그 해를 전혀 입지 않고 건강하게 장수하는 사실도 보았다.

따라서 수맥파는 수직 상승하는 것이 아니고 사선으로 방출되는 단파이며 수맥 파장은 비혈(음기)에서 해를 끼치나 혈(양기)에서는 무력화되어 위해를 가하지 못한다.

역대 대통령, 재벌의 부모 산소터와 삼성그룹 본관, 롯데호텔 등 명당에도 수맥이 지나가 있으나 결혈처이기 때문에 혼이 편하고, 성공하는 것이다.

수맥 진단 방법

수맥파는 자아의식과는 관계없이 도구(엘로드, 나뭇가지, 구리철사 등)를 이용해 과학적 방법으로 잡는 요령을 숙지하면 누구나 정확하고 쉽게 물길의 폭, 위치 등을 찾을 수 있다.

지금까지 전 세계 그 어디에도 엘로드를 과학적 요령으로 정확하게 잡아서 수맥을 찾는 방법에 대한 교과서나 안내서책이 없고 전문가 각자가 각색으로 의견을 피력할 뿐 참고할 만한 안내서가 없다.

필자는 다년간 연구하여 엘로드, 나뭇가지, 구리철사 등을 과학적 요령으로 잡는 방법을 개발하여 수많은 제자들에게 가르치고 있으며 필자가 알려준 요령으로 도구를 이용하면 누구나 한 명도 예외 없이 똑같이 수맥을 찾을 수가 있다.

또한 필자가 세계 최초로 발명한 명당, 수맥 탐사기인 천기로드를 활용하면 누구나 정확하게 수맥을 찾을 수가 있으니 활용하기 바란다.

수맥 차단 방법

수년 전 한화그룹을 비롯한 대기업에서 수맥차단용 장판 등을 개발하기 위해 사단법인 한국수맥협회 관계자의 자문을 받아 동판이 수맥파를 차단시키는 성질이 있다고 실험 검증 없이 잘못 판단하여 TV 광고를 한 적이 있다.

그러나 전국의 수맥을 연구하는 양심 있는 동지들이 분주히 일어나 공정거래위원회에 대기업에서 수맥차단 효능이 전혀 없는 동판을 수맥차단된다고 소비자를 현혹시키는 광고를 중지시켜 줄 것을 정식으로 요구하는 민원을 접수했다.

이후 공정거래위원회 및 정부 관계 기관에서 확인을 한 결과 동판이 수맥차단효과가 전혀 없다는 사실을 확인하고 해당기업에 광고 중지와 판매 금지 등의 시정조치를 했다. 당시 MBC를 비롯한 TV뉴스에도 동판이 수맥차단 효과가 없다고 보도한 사실이 있다.

이 얼마나 웃지 못할 일인가.

필자는 전국 거주의 장수하는 사람과 중병환자들 중 같은 자리에서 5년 이상 생활한 각각 100명씩 표본을 정해 조사를 했다. 그 결과 수맥이 심하게 지나간 자리에서 잠자고 생활한 사람 중에 95% 이상이 질병 없이 장수하는 것을 확인했다.

이 사람들은 모두 예외 없이 집으로 혈맥이 들어와 누워 자는 방안에 결혈이 된 양기가 강한 명당에서 생활하는 것을 확인하고 혈(양기) 자리에서 방출되는 강한 양기가 수맥 파장을 중화 차단시켜 무력화된다는 사실을 알게 됐다.

서울여자대학을 비롯한 각 대학 및 관계기관과 임상실험을 통해 똑같이 수맥이 지나간 자리에도 혈처엔 식물의 생육이 잘 되고 비혈(음기)처 수맥자리에서는 식물 생육이 억제되는 사실도 확인했다.

이렇게 연구 조사한 결과로 볼 때 수맥파는 천연의 혈처와 양명기석을 이용하여 비혈(음기)을 결혈(양기)로 바꾸어야 완전히 중화 차단시킬 수 있다고 확신하는 바이다.

■ L-로드로 수맥 찾는 법을 지도하는 이종두 회장

••• 결어

그 동안 하늘의 뜻으로 돌아가신 부모님의 하해와 같은 은혜에 힘입어 대천지 자연의 이치와 원리를 지혜로 깨쳐서 전 세계 인류의 건강과 행복을 위하여 하루 2~3시간을 자며 쉬지 않고 100만 리를 달려온 지 수년 세월!

오늘의 이날이 있기까지 한결같이 나에게 힘이 되어준 가족과 한국음향효혈풍수지리회 김영덕 부회장, 박서연, 전동건 이사를 비롯한 천기아카데미 임직원 이하 과학적 임상실험에 함께 참여한 교수님들께 감사의 인사를 표하며 필자의 그동안의 노력이 결코 헛되지 않도록 천기비법이라는 책을 출판한다. 이 한 권의 책이 전 세계 인류의 평화와 행복에 기여할 수 있기를 희망하는 바이다.

또한 우리나라 대한민국 모든 사람들이 그동안 닫혀 있던 눈과 귀와 지혜가 열려서 무너진 효(孝)를 바로 세우고 삼재우환과 질병과 실패의 고통에서 벗어나 건강하게 마음 편히 장수하며 행복한 삶을 영위하는 데 도움을 주는 귀한 지침서가 되기를 희망한다.

2007년 10월 만추지절에

李鐘斗

부록 교육사진

서울시 서초구 양재동 소재 본원 사옥전경(진혈처)

♠천기아카데미♠

교육 상담 (02)579-2560
WWW.chunkee.org
WWW.jigi.org

천기비법 제자 양성 교육(본원)

천기비법 제자 양성 교육(대구/경북 남부지회)

천기비법 제자 양성 교육(광주/호남지회)

천기비법 제자 양성 교육(경남/창원지회)

천기비법 제자 양성 교육(경기 남부/수원지회)

천기비법 제자 양성 교육(경기 북부/남양주지회)

천기비법 제자 양성 교육(부산/양산지회)

천기비법 야외 실기 교육

부록 | 347

지원장 양성교육 수료식

천기비법 강의 장면

이종두 회장의 천기비법을 수강하는 장면

대구/경북 남부 지회장 김시현(천기박사)

광주/호남 지회장 한종석(천기박사)

창원/경남 지회장 류재현(천기박사)

울산 지회장 김호권(천기박사)

서울 송파 지회장 이점헌(천기박사)

경북 북부/영주 지회장 권택진(천기박사)

경기 남부 지회장 최영원(천기박사)

충남 천안 지회장 전대근(천기박사)

경기 남양주 지회장 임영재(천기박사)

경기 서부 지회장 최기현(천기박사)

부산 시회상 차득근(천기박사)
(동의대학교 전기공학과 교수)

경기 분당 지회장 김근환(천기박사)

충북 청주 지회장 박수용(천기박사)

서울 서초 지회장 박준우(천기박사)

천기아카데미 제자들에게 강의하는 장면

천기아카데미 수료 후 제자들과 함께

천기아카데미 지회장과 함께

효도원 임직원과 함께

인지

이종두의 천기비법

초판 1쇄 인쇄일 | 2007년 10월 25일
초판 4쇄 발행일 | 2009년 4월 30일

지은이 | 이종두(한국음양효혈풍수지리회 회장)
발행인 | 유창언
발행처 | 이코노믹북스

출판등록 | 1994년 6월 9일
등록번호 | 제10-991호

주소 | 서울시 마포구 서교동 377-13 성은빌딩 301호
전화 | 335-7353~4
팩스 | 325-4305
E-MAIL | pub95@hanmail.net
          pub95@naver.com

ISBN 978-89-5775-115-2   03380

값 20,000원

※ 잘못 만들어진 책은 교환해 드립니다.
※ 이 책에 사용된 모든 사진과 글의 저작권은 저자에게 있으므로 출판사와 저자의 허락없이 무단으로 사용할 수 없습니다.